Matthias Wendt

Küstenangeln
an Nord- und Ostsee

Einbandgestaltung: Katja Draenert
Titelfoto: Matthias Wendt
Grafiken: Annika Fröhlich, Ulf Koch
Lektorat: Frank Weissert

ISBN 3-275-01449-8

1. Auflage 2003

Innengestaltung: NovoTec GmbH, 70567 Stuttgart
Druck: TC Druck, 72072 Tübingen
Bindung: Karl Dieringer, 70839 Gerlingen
Printed in: Germany

Inhalt

Vorwort

Es ist noch dunkel, als ich etwas verschlafen an der Ostsee im April den langen, schmalen Trampelpfad in Richtung Steilküste entlang stapfe. Langsam erwachen die Lebensgeister in meinem von fünf Millimeter dickem Neopren umhüllten Körper. Am Strand schaue ich in alle Richtungen – Wasser, soweit das Auge reicht, eine leichte Brise weht mir ins Gesicht. Es riecht nach Salz, Tang und Fisch.

Der Blinker fliegt in Richtung Horizont. Schon beim zweiten Versuch fährt plötzlich ein Schlag durch die Rute. Irgendetwas zerrt an der Leine, nimmt Schnur und schießt wie ein Blitz aus dem Wasser. Jetzt bin ich hellwach. Zitternd versuche ich, mich zu konzentrieren und Ruhe zu bewahren. Aufregende zehn Minuten später umhüllen die Keschermaschen eine über sechs Pfund schwere Meerforelle.

Die Sonne geht auf und mir wird wieder klar: An der Küste ist´s am schönsten!

Matthias Wendt

E-Mail: meerforellen@gmx.de

Faszination Küstenangeln

Die Küsten von Nord- und Ostsee zählen sicherlich zu den reizvollsten und interessantesten Angelrevieren Deutschlands. Bodden und Buchte, Förden und Flussmündungen gehören dazu. Dabei setzt sich die Vielfalt und Abwechslung der zahlreichen Strände und Steilküsten genauso unter Wasser fort. Hier vermischen sich Süß- und Salzwasser sowie deren typische Flora und Fauna.

Hier leben Hechte neben Flundern, Heringe neben Barschen. Aber nicht immer fängt der Wattwurm hier besser als der Tauwurm, verhalten sich die Fische so, wie wir es aus den reinen Meeres- und Binnenrevieren kennen. Und oft bringt erst die Mischung aus verschiedenen Süß- und Salzwasser-Techniken und -Taktiken den Fangerfolg.

Die Bodden locken mit Rekord-Hechten. Foto: Frank Brodrecht

Dieses Buch gibt dir einen Überblick über typische Fischarten, Fangplätze, Fangzeiten und Köder. Dazu liefert es wertvolle Tipps und Tricks für das Angeln an der Küste und im Brackwasser. Du bekommst unter anderem Auskunft darüber, was gegenüber reinem Süß- oder Salzwasser anders ist, welche Köder wann, wo und wie welchen Fisch fangen. Alles in allem ermöglicht es dir ein erfolgreiches Fischen an den heimischen Küsten. Also auf an die Küste.

Dieser schöne Küsten-Barsch ging auf die Fliege.
Foto: Stefan Nölting

Erlaubnis

Ein so entspanntes, kostengünstiges und weitgehend unreglementiertes Fischen wie in den Küstengewässern von Nord- und Ostsee ist an anderen Orten kaum möglich. Mit dem gültigen staatlichen Fischereischein in der Tasche steht dir ein abwechslungsreiches Revier von unglaublicher Größe und Vielfalt zur Verfügung. Allerdings gibt es das Papier erst nach erfolgreich abgelegter Fischerprüfung. Nur Schleswig-Holstein händigt da als einziges Bundesland an Neulinge ohne Prüfung und Schein in Ortsämtern und Rathäusern eine Sondergenehmigung aus, die für 40 Tage gilt. Jedoch muss der Wohnort des Antragstellers nachweislich außerhalb Hamburgs und Schleswig- Holsteins liegen.

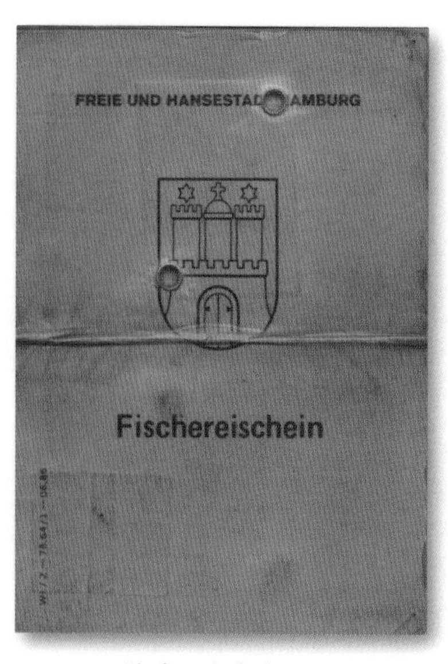

Fischereischein

Nur an Mecklenburg-Vorpommerns Küste und in den Bodden ist zusätzlich zum Fischereischein der so genannte »Küstenschein« erforderlich, der 15 Euro für ein Jahr kostet. Da viele Mündungsbereiche von Flüssen wie Oste oder Trave an Vereine verpachtet sind, musst Du hier ebenfalls einen zusätzlichen Erlaubnisschein kaufen. An diesen Strecken gelten oft abweichende Mindestmaße und Schonzeiten, die jedoch in der Regel auf dem Erlaubnisschein stehen.

Dänemark fordert keine Prüfung für das Angeln. Nur Angler zwischen 18 und 67 müssen den staatlichen Fischereischein lösen, den es zum Beispiel in Postämtern, Touristen- Informationen und Angelgeschäften gibt. Der »Fisketegn« (sprich: »fisketein«, dänisch für »Fischereischein«) gilt für zwölf Monate ab Ausstellungsdatum und für sämtliche dänische Küsten-Kilometer an Nord- und Ostsee. Die Gebühr von rund 13 Euro/Jahr fließen in die Förderung von Renaturierungs- und Besatzprojekten ein.

In den Niederlanden und in Schweden benötigst du weder Prüfung noch Fischereischein. Allerdings sind gesetzliche Mindestmaße, Schonzeiten, Sperrzonen, und für einzelne Fischarten sogar totale Fangverbote überall zu beachten (siehe Anhang).

Vorbereitung

Für Küstenangler gelten der Einbruch der Dunkelheit, beziehungsweise das Angeln in der kalten Jahreszeit als Top-Zeiten. Dabei gilt der bekannte Grundsatz »Es gibt kein schlechtes Wetter, es gibt nur schlechte Kleidung«. Dieser von der Küste stammende Spruch bedeutet den Einsatz von warmer, wind- und wasserdichter Kleidung. Ob du vom Ufer, vom Boot oder watend und bis zur Hüfte im Wasser stehend dem Schuppenwild entgegen gehst, spielt dabei eine eher untergeordnete Rolle. Denn meistens wird es eher kalt als warm sein, eher windig als ruhig.

Für Brandungsangler empfiehlt sich ein wind- und wasserdichter Thermoanzug. Angelst du vom Boot aus, empfiehlt sich ein Rettungsanzug in ein- oder zweiteiliger Ausführung. Diese Anzüge halten gleichermaßen an Bord sowie nach einem Sturz ins Wasser warm, was die Überlebenszeit in kaltem Wasser drastisch erhöht. Zudem trägt er den Verunglückten an der Oberfläche. Achte beim Kauf auf die Prüfnummer EN 393, sonst bekommst du statt einem Schwimm- wahrscheinlich nur einen Thermoanzug. Zudem ersetzen Rettungsanzüge keine Schwimmweste, da sie nicht ohnmachtssicher sind.

Rettungsanzüge sind vor allem beim Bootsangeln Pflicht.

Für Watangler gibt es ebenfalls zweckmäßige Kleidung. Neben den bei kaltem Wasser idealen Neopren-Wathosen tragen mehr und mehr Angler die noch recht neuen Modelle aus atmungsaktivem Material. Sie bieten mehr Komfort bei Luft- und Wassertemperaturen über 10 Grad. Schwitzen fällt hier aus. Dafür bieten sie gegenüber Neoprenhosen längst nicht deren Isolierung. Deshalb solltest du darunter zwei oder besser drei Schichten Fleece-Unterwäsche tragen. Auch Mütze und Handschuhe aus Fleece sollten niemals fehlen. Wer auf Nummer sicher geht, packt Ersatzkleidung in den Rucksack oder ins Auto, um bei »Wassereinbrüchen« schnell wechseln zu können.

Wat-Bekleidung muss wasserdicht und warm sein.

Wind und Wetter

An der Küste weht meist ein rauerer Wind als im Binnenland. Woher und wie stark er weht, besitzt beim Fischen eine enorme Bedeutung. Denn oft entscheiden diese beiden Faktoren über Erfolg oder Misserfolg. Deshalb solltest du dich vorab immer über die aktuelle Wetterlage informieren. Möglichkeiten hierzu gibt es im Internet (www.bsh.de), über Videotext und Telefondienste (siehe Adressen und Kontakte). Zur Not genügt die 20-Uhr-Tagesschau.

An vielen Küstenangelplätzen, die bei westlichen Winden Fisch bringen, ist bei östlichen Winden »tote Hose«. Manchmal läuft es auch umgekehrt. Viele Küstenangler sind der Meinung, dass bei östlichen und nördlichen Winden nicht viel geht. Tatsächlich lässt sich das so pauschal nicht sagen. Das an Nord- und Ostsee vorherrschende Klima ist stark vom Golfstrom beeinflusst. So kommt es, dass die Luft hier feucht und »frisch«, aber relativ warm ist – Meeresklima eben. Die von Norden und Osten einströmenden Luftmassen bringen hingegen eher trockene Festlandsluft. Mit ihr kommt meistens auch die Kälte. Und vom Herbst bis zum Frühjahr musst du dann mit Frost rechnen. Im Herbst kann das Vorteile bringen, im Frühjahr eher nicht. Aber hierzu eine feste Regel zu erlassen, macht angesichts der vielen Ausnahmen keinen Sinn.

Viel wichtiger ist, ob sich der angestrebte Platz bei dem vorherrschenden Wind überhaupt beangeln lässt. Generell ist es von Vorteil, wenn der Wind auf die Küste »steht« oder wenigstens von der Seite kommt. Dadurch kommt mehr Bewegung ins Wasser, als bei ablandigem Wind. Die Fische sind dann aktiver und näher »unter Land«.

Auflandiger Wind und Schaumkronen – jetzt kann sich das Angeln auch am Tag lohnen.

Bei starkem auflandigem Wind ab Windstärke 7 kann es jedoch ganz schön heftig werden. Auch eine zu starke Trübung des Wassers bereitet unter Umständen Probleme. Dann solltest du an einen anderen Platz ausweichen, an dem Rücken- oder Seitenwind herrscht. Gerade das Spinn- und Fliegenfischen erfordert dann weite Würfe, da der Wind hier das wärmere Oberflächenwasser und somit auch die Fische samt ihrer Nahrung vom Ufer weg drückt.

Das zeigt, dass neben Windverhltnissen und Lufttemperatur genauso die Wassertemperatur eine große Bedeutung besitzt. Sie nimmt starken Einfluss auf den Stoffwechsel der Fische und somit auf das Fressverhalten. Schon Unterschiede von ein oder zwei Grad Celsius können deshalb eine Menge ausmachen.

Im Frühjahr beginnt die ganz heiße Phase, wenn die Wassertemperatur auf über 5 Grad klettert. Dorsch

An der Küste.

und Meerforelle sind jetzt nach der Laichzeit besonders hungrig und häufig in Ufernähe zu finden. Die zu dieser Zeit dicht unter Land ziehenden Heringe stellen dann die Hauptnahrung dar. Aber auch Kleinlebewesen treten jetzt wieder vermehrt auf.

Im späten Frühjahr, etwa ab Mai, fallen die Hornhechte an unseren Küsten ein. Das Wasser besitzt dann eine Temperatur um die 10 Grad. Wird es noch wärmer, tauchen an der Nordseeküste Makrele und Wolfsbarsch auf. Dorsch und Meerforelle ziehen sich jedoch in tieferes, da kälteres Wasser zurück. Im Sommer meiden die meisten Fischarten zu hohe Wassertemperaturen, da der Sauerstoffgehalt hier stark abfällt. Viele Fische wandern dann in tiefere und kühlere Zonen. Kühlt sich das Wasser im Herbst ab, werden auch die Küstenfische aktiver.

Ebbe, Flut und Pegelstand

Der Einfluss der Gezeiten zeigt sich vor allem an der Nordsee und in den Mündungsbereichen ihrer Zuflüsse. Als Gezeiten werden die regelmäßigen Schwankungen des Meeresspiegels bezeichnet. Ebbe bedeutet ablaufendes Wasser, Flut auflaufendes Wasser. Der höchste Wasserstand wird »Hochwasser«, der niedrigste »Niedrigwasser« genannt. Der Unterschied zwischen Hoch- und Niedrigwasser heißt »Tidenhub«.

Die Gezeiten entstehen durch die Massenanziehung des Mondes und der Sonne auf die Wasserhülle der Erde. Deshalb setzten sie sich aus Mondgezeiten und Sonnengezeiten zusammen. Je nach der Stellung der beiden Himmelskörper zueinander und zur Erde verstärken beide Kräfte einander zur Springflut oder schwächen einander zur Nippflut ab. Bei Voll- und Neumond sind die Flutkräfte von Sonne und Mond gleichgerichtet, sie verstärken sich zur Springflut, bei Halbmond schwächen sie sich gegenseitig ab, es tritt Nippflut ein.

Hierzu kommen Einflüsse der Erdoberfläche, wie Wassertiefe, Windrichtung und Windstärke. Der örtliche Verlauf von Ebbe und Flut wird auch stark durch die Gestalt der Küsten beeinflusst. An der deutschen Nordseeküste (Deutsche Bucht) zum Beispiel verringert sich der Tidenhub von der Festlandsküste in Richtung offener See, sowie von Süden nach Norden. Außerdem entstehen dadurch zeitliche Differenzen, wie zwischen dem Hoch- und Niedrigwasser in Hamburg und dem in Cuxhaven.

Begriffe

NN – Normalnull
Liegt zwischen dem mittleren Hochwasser und mittleren Niedrigwasser. NN wird auch als »Meeresspiegel» bezeichnet.

KN – Kartennull
Das ist die Null-Ebene, auf die sich Tiefenangaben in Seekarten beziehen. Im Gegensatz zur Ostsee stimmt das Kartennull in den durch die Gezeiten beeinflussten Gebieten der Nordsee meist nicht mit dem Normalnull überein.

PNP – Pegelnullpunkt
Liegt im allgemein fünf Meter unter Normalnull.

MHW – Mittleres Hochwasser
Das mittlere Hochwasser bezeichnet die mittlere, durchschnittliche Höhe des Hochwassers. Abweichungen hiervon sind unter anderem bei Voll- und Neumond zu beobachten.

MNW – Mittleres Niedrigwasser
Im Prinzip wie das MHW bezeichnet das mittlere Niedrigwasser die mittlere, durchschnittliche Höhe des Niedrigwassers.

MTH – Mittlerer Tidenhub
Der mittlere Tidenhub ist der Unterschied zwischen dem mittleren Hoch- und Niedrigwasser.

An der westlichen und südlichen Ostsee besitzen die Gezeiten keine praktische Bedeutung. Der normale Hub liegt bei 15 bis 20 Zentimeter, wird aber vor allem durch den Wind beeinflusst. Doch an der Nordsee und den Mündungsbereichen ihrer Zuflüsse regieren die Gezeiten Deshalb ist ein Gezeitenkalender für alle unentbehrlich, die erfolgreich in der Nordsee und den Mündungsbereichen von Elbe, Weser und Ems fischen wollen. Es gibt ihn in Norddeutschland an vielen Tankstellen. Sein Inhalt kann einige Fragen aufwerfen, vor allem, wenn es um Begriffe wie »Meeresnull« oder »mittleres Hochwasser« geht. Die nachfolgende Grafik bringt Licht ins Dunkel.

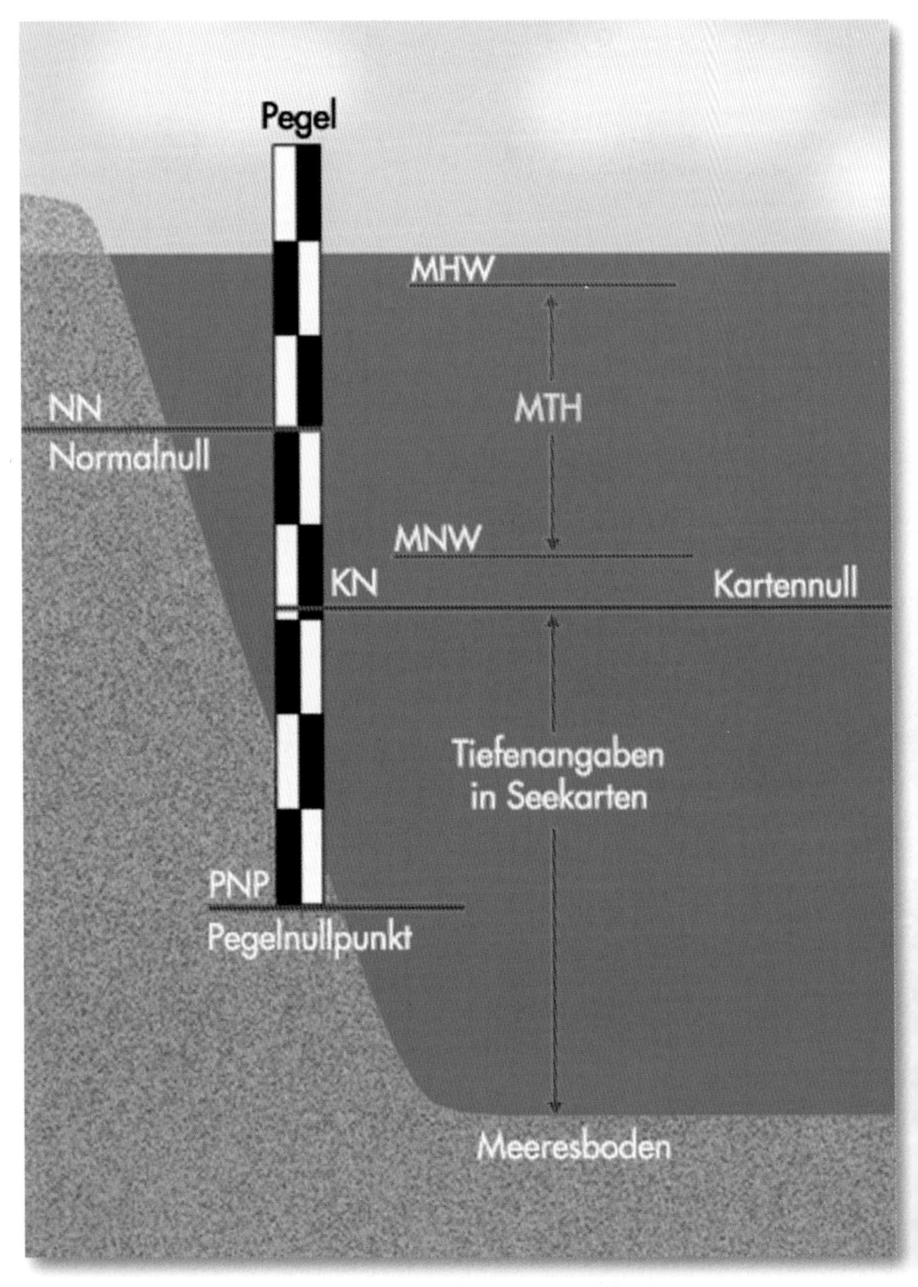

Pegel Grafik: Annika Fröhlich

Lebensraum Brackwasser

Brackwasser – bei diesem Wort denken viele Mitmenschen an trübes, abgestandenes und schmutziges Wasser. Doch damit hat der Begriff eigentlich nichts zu tun.

Er bezeichnet vielmehr den Bereich, wo sich Süß- und Salzwasser und deren Bedingungen vermischen – und somit auch die typischen Fischarten. Das betrifft Küste, Flussmündungen und Boddengewässer. Hier fressen unter anderem die Hechte oftmals eher Heringe als Weißfische. Und keine andere Gewässerregion ist fischereiwirtschaftlich vergleichbar produktiv.

Das ist ein Süßwasser-Zufluss der Ostsee. An solchen Stellen halten sich oft Meer- und Regenbogenforellen auf.

Die in diesen Bereichen lebenden Fische wachsen gegenüber ihren Artgenossen im (reinen) Süßwasser meist schneller ab. Ein gutes Beispiel sind die gewaltigen Hechte, die alljährlich in den Bodden gefangen werden, wie etwa um Rügen. Hier kommen neben Zander und Barsch genauso diverse Friedfischarten vor. Meer- und (verwilderte) Regenbogenforellen sowie Lachse lieben ebenfalls salzarmes Wasser, Plattfische kommen gut damit klar.

Schaut man genauer hin, lassen sich an unseren Küsten viele »brackige« Bereiche erkennen. An der gesamten Ostseeküste und Teilen der Nordseeufer finden wir mehr oder weniger »durchmischte« Zonen, die unbestritten als gute oder sehr gute Angelreviere gelten

Auch Zander kommen im Brackwasser vor.
Foto: Frank Brodrecht

Ostsee

Die auch als Baltisches Meer bezeichnete Ostsee ist insgesamt eher süß als salzig. Denn sie ist ein »Randmeer«, das mit dem salzigeren Atlantik nur durch einen kleinen Zugang verbunden ist, dem Skagerak. Je weiter man nach Osten kommt, desto weiter verringert sich der Salzgehalt.

Steilküste und kiesiger Strand sind typisch für die Ostsee.

Das hat vor allem physikalische Ursachen, da Salzwasser schwerer als Süßwasser ist. Das von der Nordsee einströmende, salzigere Wasser fließt am Grund entlang in Richtung Osten. Dabei verdrängt es das salzärmere Wasser, so dass an den Ostsee-Eingängen zwei Strömungen entgegengesetzter Richtung entstehen. Nach Osten strömendes, stark salzhaltiges Wasser findet sich in der Tiefe, während nach Westen strömendes, salzärmeres Wasser an der Oberfläche strömt.

Im westlichen Teil der Ostsee ist der Einfluss der Belte und Sunde wesentlich größer. Auch tritt in der flacheren, westlichen Ostsee eine relativ starke Vermischung der beiden dicht übereinander liegenden Strömungen und Schichten ein. Weiter östlich, etwa ab der Darßer Schwelle, ist diese Vermischung wesentlich geringer, da der salzige Unterstrom in größere Tiefen ausweichen kann. Die Bodengestaltung des Ostseebeckens lässt deutlich mehrere Becken erkennen, die durch »Schwellen« voneinander getrennt werden.

Diese Schwellen und Becken entstanden während der letzten Eiszeit. Die Darßer Schwelle, die vom Süden der dänischen Insel Falster in südöstlicher Richtung zur Küste Mecklenburg-Vorpommerns verläuft, stellt eine wichtige biologische Grenze zwischen dem westlichen und östlichen Bereich der Ostsee dar. Die größte Wassertiefe auf der Darßer Schwelle beträgt nur 18 Meter.

Bei einem bestimmten Füllungsgrad der Ostsee westlich der Darßer Schwelle wird diese vom Salzwasser überwunden, das dann in das bis zu 48 Meter tiefe Arkona-Becken einfließen kann. In den Tiefen solcher Becken entstehen festliegende Salzwasser-Massen, die einen rein maritimen Lebensraum darstellen, während in den weniger salzhaltigen Oberflächenschichten viele Meeres-Organismen fehlen. Im östlichen Bereich um Gotland herum liegen auch die tiefsten Stellen – bis auf 459 Meter geht es hier runter.

Ab der Darßer Schwelle erhalten auch die durch Zuflüsse eindringenden Süßwassermassen eine größere Bedeutung. Denn der jährliche Süßwasser-Zufluss beträgt insgesamt etwa 500 Kubik-Kilometer (!).

Salzgehalt und Gezeiten

An der schleswig-holsteinischen Ostseeküste liegt der Salzgehalt bei durchschnittlich 1,5 bis 1,8 Prozent. In Buchten und Förden, sowie an den Mündungen von Fließgewässern können die Werte allerdings auch wesentlich niedriger ausfallen. Richtung Süden wird die Ostsee noch süßer.

In der »Mitte«, am Übergang zum östlichen Teil des Gewässers, beträgt der Salzgehalt um ein Prozent. Die an der schwedischen und finnischen Küste gemessenen Werte liegen schließlich bei 0,3 bis 0,5 Prozent. Der Ostsee fehlt der in der Nordsee deutlich zu beobachtende Einfluss der Gezeitenströmungen. Steigender oder fallender Wasserstand wird fast nur vom Wind verursacht. Meist beträgt der Tidenhub nur zehn bis 15 Zentimeter.

Bodden

Für Angler sind die Bodden an der Küste Mecklenburg- Vorpommerns besonders interessant. Diese seichten, in der letzten Eiszeit entstanden Meeresbuchten besitzen eine Gesamtfläche von über 1600 Quadratkilometern – ein riesiges Revier! Mittendrin liegt Deutschlands größte Insel: Rügen.

In den Bodden leben richtig große Hechte. Sie vertragen einen Salzgehalt bis 1,4 Prozent. Foto: Frank Brodrecht

Regelrecht von Bodden umgeben, bietet dieses Eiland mit seiner fast 600 Kilometer langen Küstenlinie viele Möglichkeiten für abwechslungsreiches und erfolgreiches Fischen. In den Bodden herrschen die biologischen Bedingungen der Brackwasser-Region. Es gibt einige Faktoren, die hier außerdem für das Auftreten oder Fehlen bestimmter Tiere und Pflanzen bedeutungsvoll sind. Dazu gehören Strömungen, Wassertemperaturen und Sichtigkeit des Wassers.

Die Boddengewässer sind deshalb ständigen Veränderungen unterworfen, auf die nicht zuletzt die Angler reagieren müssen

Da die Bodden verglichen mit den umliegenden Seegebiete flacher sind, herrscht hier eher »süßes« Oberflächenwasser vor. Ein Austausch mit Salzwasser aus der offenen Ostsee findet kaum statt. Aufgrund des teilweise stark schwankenden Salzgehalts zwischen 0,1 und 1,5 Prozent treffen wir hier auf Fischarten, die sonst nur aus dem reinen Süß- oder Salzwasser bekannt sind. Unangefochtener König der Bodden ist der Hecht, der hier Gewichte von über 50 Pfund erreichen kann.

Die alljährlich zum Laichen in die Bodden ziehenden Heringe stellen neben Weißfischen die Hauptnahrung von »Esox« dar. Außer den Hechten fühlen sich in den Bodden ebenfalls Zander, Barsche, Aale, Meer- und Regenbogenforellen wohl. Dazu kommen Karpfen Schleien, Brassen und diverse Weissfisch-Arten. Aber auch typische Salzwasserfische werden hier regelmäßig gefangen, wie Dorsche, Plattfische und Heringe. Das bedeutet Angelmöglichkeiten auf viele verschiedene Arten. Ob Grund-, Brandungs-, Fliegen-oder Spinnfischen – in den Bodden geht alles.

Gesetzliche Bestimmungen

An der Küste Mecklenburg-Vorpommerns gibt es in gesetzlicher Hinsicht einiges zu beachten. Als Erstes wäre der obligatorische Küstenschein als Angelkarte zu erwähnen. Hinzu kommen die zahlreichen Schutzzonen und Sperrgebiete. Außerdem weichen die Schonzeiten und Schonmaße teilweise von denen in Schleswig-Holstein und Niedersachsen ab.

Bei Hecht und Zander sehen sich Angler ab 2003 neu erlassenen Schonzeiten gegenüber gestellt. Der Hecht ist ab 2003 in ganz Mecklenburg-Vorpommern vom 24. März bis zum 18. Mai geschont. Für den Zander gibt es eine variable, jedoch nur vierwöchige Schonzeit im Zeitraum zwischen dem 1. April und dem 31. Mai.

Für eine sinnvolle Planung der Angeltour sollten sich Angler deshalb rechtzeitig über die aktuellen Regelungen informieren. Einfacher ist es bei Meerforelle und Lachs. Sie genießen zwischen dem 1. August und dem 31. Oktober Schutz, weibliche Flundern zwischen dem 1. Februar und 30. April.

Ostsee-Maße in MacPomm

Fischart (Stand 2003)	Schonmaß
Hecht	50 cm
Zander	45 (40) cm
Barsch	20 cm
Meerforelle	45 cm
Lachs	60 cm
Dorsch	38 cm
Flunder	25 cm

Nordsee

Die Nordsee ist ein Randmeer des Atlantiks und deshalb relativ stark vom Einfluss der Gezeiten geprägt. Gerade an der Küste bekommen Angler das zu spüren. Im Wattenmeer bedeutet das ganz schlicht und einfach, dass bei Ebbe kein Wasser (und kein Fisch) da ist. So etwas gibt es in der Ostsee nicht.

Auch die Salz-Konzentrationen in den einzelnen Gewässerteilen der Nordsee unterscheiden sich zum Teil erheblich. In der offenen Nordsee liegen sie zwischen 3,0 bis 3,5 Prozent, sind also im Unterschied zur westlichen Ostsee doppelt so hoch. An den Mündungen von Eider, Elbe, Weser und Ems können die Werte jedoch niedriger ausfallen. Diese Bereiche werden ebenfalls stark von den Gezeiten beeinflusst. Es kommt zu einer »Durchmischung« von »süßem« Fluss- und salzigem Meerwasser. Deshalb leben hier auch solche Fischarten, die sonst nur im reinen Süßwasser vorkommen – und solche, die sonst nur im Salzwasser schwimmen.

Im Wattenmeer haben besonders Fischarten wie Aal und Plattfische ein gutes Leben. Ihre Nahrung besteht hier meist aus Garnelen, Würmern und kleinen Fischen, die vom Gezeitenstrom durch die Prile und Sielzüge getrieben werden. Der Dorsch kommt nur in den Herbst- und Wintermonaten bei lang anhaltenden, westlichen Winden an der Nordseeküste vor.

An Molen und in Häfen mit tiefem Wasser bestehen dann gute Chancen auf das »Großmaul« und sogar auf Wittlinge. Die selben Plätze sind im Sommer ideal zum Angeln auf die Sommergäste Hornhecht, Makrele und Wolfsbarsch. Übrigens kommen auch Meerforellen im Wattenmeer vor. An den Mündungen der dänischen Nordsee-Auen bestehen auf das Küsten-Silber sogar realistische Chancen.

Insgesamt reicht das Wattenmeer von Den Helder in den Niederlanden bis nach Esbjerg in Dänemark. Weiter nördlich, an der Küste von West- und Nordjütland, liegt wiederum raues, dünenreiches Ufer. Hier gibt es viele gute Plätze zum Brandungsfischen auf Dorsch, Plattfische und Wolfsbarsch.

An der Nordsee-Küste herrscht ein ständiger Wechsel zwischen Ebbe und Flut.

Die Ostsee – von Flensburg bis zum Peenestrom

Die deutsche Ostseeküste reicht von der deutsch-dänischen Grenze bei Flensburg bis hin zum Stettiner Haff nahe der polnischen Grenze. Das sind mehrere hundert Küsten-Kilometer und manch einer mag bei dieser Vielfalt möglicher Plätze verzweifeln.

An solchen Stellen ist Weitwurfgerät gefragt.

Im folgenden Kapitel lernst du jedoch die wichtigsten Strände, Buchten und Bodden kennen, außerdem erhältst du Informationen über vorkommende Fischarten, Fangzeiten sowie Geräte-Tipps

Flensburger Förde

An der inneren Förde bieten sich einige gute Plätze zum Spinn-, Fliegen- und Brandungsfischen an, wie etwa die Landspitze bei Holnis. Hier kannst du besonders bei nördlichen und östlichen Winden Erfolg haben. Gerade im Winter und Frühjahr gibt es hier schöne Meer- und Regenbogenforellen zu fangen. Denn die Innen-Förde ist aufgrund ihres geringen Salzgehalts zu diesen Zeiten ein bevorzugtes Rückzugsgebiet für die Küsten-Salmoniden. Allerdings werden hier meist kleinere Exemplare gefangen, als an der offenen Küste. Später, ab Mai, gehen dann ebenfalls Hornhechte, Aale und Plattfische an den Haken. Dorsche werden ebenfalls gefangen, allerdings gibt es zum Fang der Bartelträger jedoch erheblich bessere Stellen.

Hier sind oft weite Würfe nötig, um an den Fisch zu kommen. Somit benötigst du Weitwurf-Gerät, also kräftige, bis 4,20 Meter lange Ruten und Bleie um die 150 Gramm. Beste Köder sind Watt- und Seeringelwürmer sowie Fetzen vom Hering und Tobiasfische (Sandaale).

Bei Norgaardholz an der **Geltinger Bucht** befindet sich ein weiterer, Erfolg versprechender Platz, vor allem für das Fischen auf Meerforelle. Auch das lange Riff bei **Habernis** ist ein lohnender Platz zum Fischen auf Dorsch und Meerforelle. Besonders im Frühjahr bestehen hier für watende Spinn- und Fliegenfischer gute Chancen auf Erfolg. Allerdings muss vorsichtig gewatet werden. Denn zwischen den Steinen warten tiefe Löcher. Ein Watstock kann hier helfen.

Beim Brandungsfischen beißen Dorsch und Plattfisch, vor allem im Frühjahr und Herbst. Weitwurfgerät bringt die mit Watt- und Seeringelwürmern oder Fetzen beköderten Montagen an den Fisch. In warmen Sommernächten lohnt sich oft auch das ufernahe Fischen auf Aale. Sie nehmen gerne Fetzenköder sowie Watt- und Seeringelwürmer.

Mit Weitwurfgerät kommst du auch bei **Falshöft** an tiefes Wasser mit abwechslungsreichem Grund heran. Vielleicht ist das der Grund dafür, dass hier vor allem im Herbst immer wieder große, bis über zehn Pfund schwere Dorsche gelandet werden. Im März/April ist Falshöft ein beliebtes Meerforellen-Revier, ab Mai sind dann auch Plattfisch und Hornhecht unterwegs.

Zwischen Flensburger Förde und Schleimünde befinden sich weitere, interessante Plätze. Die Strecke von Nieby bis **Hasselberg** lädt zum Brandungsfischen ein, jedoch sind auch hier oft weite Würfe um die 100 Meter nötig. Weitwurfgerät ist deshalb unverzichtbar. Der Lohn für weite Würfe sind dann meist Dorsche, teilweise Plattfische und im Sommer Aale.

Reizvoll ist diese Strecke ebenfalls für Spinn- und Fliegenfischer, denn im Frühjahr ziehen hier Meerforellen die Küste entlang, ab Mai dann zudem große Hornhecht-Schwärme.

Die Schlei

Etwa ab Mitte März fallen in der Schlei alljährlich große Herings-Schwärme ein, die hier ihr Laichgeschäft verrichten. Besonders im **Hafen von Kappeln** können die Silberlinge dann gezielt mit Herings-Paternostern befischt werden. Hier muss allerdings ein zusätzlicher Erlaubnisschein gelöst werden. Der Angelladen direkt am Hafen gibt Tagesscheine aus. Zum Heringsfischen eignen sich nicht zu steife Ruten in Längen um 3,60 Meter. Bei Verwendung zu kurzer Modelle kann es schwierig werden, ein voll besetztes Paternoster-Vorfach auf die Hafenmauer zu heben. Darüber hinaus Plattfische, Aale, Barsche und Meerforellen gehen hier an Grund- und Spinnrute.

In der Schlei Richtung **Arnis** und **Schleswig** kann von Mai bis Oktober erfolgreich mit der Grundrute auf Aal und Barsch gefischt werden. Watt- und Tauwürmer bilden hier die fängigsten Köder, vor allem die Aale gehen jedoch auch gern auf Heringsfetzen. Hier liegst du mit leichten Brandungs- und Grundruten sowie Bleien bis 80 Gramm genau richtig.

Anglerisch interessant präsentiert sich die Schlei ebenfalls an ihrer Mündung, hier Schleimünde genannt. Dort ist nur der Fischereischein erforderlich. Allerdings ist bis dorthin ein Fußmarsch von knapp zwei Kilometern notwendig, der sich jedoch meistens lohnt. Denn bei Schleimünde kann in strömungsreichem, bis zehn Meter tiefem Wasser gefischt werden. Aal, Plattfisch, Dorsch, Hornhecht und Meerforelle treffen sich hier, im Sommer ist gelegentlich sogar ein Steinbutt dabei.

Aufgrund der meist starken Strömung benötigst du kräftiges Gerät mit Bleien zwischen 100 und 150 Gramm Gewicht. Ein Dreibein erleichtert das Ablegen der Ruten.

Eckernförder Bucht und Umgebung

Die Eckernförder Bucht ist ein Spitzenrevier, vielseitig und fischreich. Viele Fischarten lassen sich hier erfolgreich beangeln, vom Aal bis zur Meerforelle. Eine Eigenschaft der Bucht ist, dass das Wasser im westlichen Teil gegenüber dem östlichen meist süßer ist. Dadurch fühlen sich dort auch Barsche und Regenbogenforellen wohl. Letztere werden vor allem im Winter im Bereich Eckernförde/Kiekut auf Fliege gefangen.

Im gesamten Bereich der Bucht beißen beim Spinn- und Fliegenfischen zudem immer wieder kapitale Meerforellen gefangen. Verbürgt ist der Fang eines 26-pfündigen (!) Exemplars – der glückliche Fänger war allerdings ein Nebenerwerbs-Fischer.

Weiter lassen sich typische Ostsee-Fische hier überlisten, unter anderem Dorsch, Plattfisch, Hering und Aal. Im Mai, wenn der Raps blüht, kommen die Hornhechte. Auch in den flachen Bereichen der Eckernförder Bucht wimmelt es dann vor ihnen – Tagesfänge von über 20 Fischen sind keine Seltenheit.

Im Bereich der Eckernförder Bucht findest du viele erfolgversprechende Plätze, an denen sich das Fischen lohnen kann. Der überwigend sandige Bereich **zwischen Schleimünde und Schönhagen** bildet ein gutes Plattfisch-Revier. Dorsche und Meerforellen werden hier seltener gefangen.

Mit Weitwurfgerät kommst du an Flundern, Klieschen und sogar Steinbutt heran. Vereinzelt lassen sich Aale fangen. Die beste Zeit liegt zwischen Mai und November, als Köder sind Watt- und Seeringelwürmer sowie kleine Fetzenköder top.

Schönhagen

Am nördlichen Ausgang der Bucht, südlich von Schleimünde, liegt die Steilküste von **Schönhagen**. Der Geröllstrand setzt sich unter Wasser fort. Tiefe Löcher und Rinnen wechseln sich ab mit Krautbänken, Sandflächen und großen Steinen – ein Traum-Revier. Hier ist im Frühjahr und Herbst gutes Brandungsfischen auf Dorsch möglich. Darüber hinaus lassen sich Plattfische und Aale fangen. Spinn- und Fliegenfischer können ebenfalls schöne Fänge erzielen. Schönhagen ist im Herbst und Frühjahr immer gut für dicke Meerforellen und Dorsche.

Obwohl die Wassertiefe vor der Steilküste rasch zunimmt, empfiehlt sich Weitwurfgerät für jede Technik. Beim Brandungsfischen solltest du kräftige, 3,90 bis 4,20 Meter lange Ruten und Gewichte zwischen 125 und 150 Gramm verwenden. Bei starkem Ostwind müssen schon mal schwerere »Kaliber« im Wirbel hängen. Bei stärkerem Ostwind kann es übrigens schnell zu einer extremen Eintrübung des Wassers kommen, erfolgreiches Fischen ist dann meist nicht mehr möglich.

Als Köder kommen Watt- und Seeringelwürmer sowie Sandaale und Herings-Fetzen in Frage – vor allem die Dorsche mögen fischige Happen.

Blick in die Eckernförder Bucht, eine der fischreichsten Ecken an der deutschen Küste.

Zwischen dem Hafen von **Damp** und **Fischleger** kannst du Dorsche, Plattfische, Meerforellen und Aale fangen. Vom Herbst bis zum Frühjahr, besonders zur Laichzeit der Seeringelwürmer im März/April, lassen sich auf dieser Strecke schöne Meerforellen überlisten. Von Mai bis November gehen hier beim Brandungsfischen mit Watt- und Seeringelwurm meist Plattfische an den Haken. Bei auflandigem Wind und bei Einbruch der Dunkelheit kommen außerdem Dorsche in Ufernähe.

Am besten fangen hier Nachläufer-Montagen, die mit Weitwurfgerät und 100 bis 150 Gramm schweren Bleien in etwa 100 Metern Entfernung vom Ufer platziert werden.

Der Küstenabschnitt bei **Waabs / Kleinwaabs** lockt mit interessanten Plätzen. Vor allem im Frühjahr ist dieser Bereich mit seinen tiefen Löchern, Kraut- und Sandbänken ein interessantes Revier und immer gut für die eine oder andere Meerforelle.

Solche »Strecken« sind auch an der Eckernförder Bucht die Ausnahme, liegen jedoch im Bereich des Möglichen.
Foto: www.der-angler.de

Ab Mai tummeln sich die Hornhechte über dem abwechslungsreichen Grund, Dorsche und vor allem Plattfische gehen jetzt beim Brandungsfischen an den Haken. Im Sommer kannst du hier zudem dicke Aale am Grund- oder Brandungsgerät fangen.

Mit normalem Brandungsgerät, Bleien zwischen 100 und 150 Gramm und Ködern wie Watt- und Seeringelwürmern oder Herings-Fetzen und Sandaalen liegst du hier richtig.

Ein weiterer, bekannter Platz befindet sich am Campingplatz von **Karlsminde**. Auch hier kann die ganze Palette der Küstenfische gefangen werden. Im Frühjahr ist diese Ecke ebenfalls gut auf Meerforellen, außerdem kann sich das Brandungsfischen lohnen. Mit normalem Brandungsgerät und Naturködern (siehe Waabs) kannst du von April bis November erfolgreich auf Plattfisch, Dorsch und Aal fischen.

Der Bereich bei **Langholz** passt in erster Linie für das Brandungsfischen auf Plattfische, zudem beißen immer wieder Meerforellen, vor allem an der Mündung der Au.

Der Abschnitt Richtung Eckernförde lässt sich watend gut befischen. Im Frühjahr und Herbst/Winter können hier schöne Meerforellen und auch Dorsche an die Spinn- oder Fliegenrute gehen. Ab Mai ist diese Strecke gut auf Hornhecht und Aal.

Im Hafen von **Eckernförde** gilt die lange Außenmole als Top-Platz. Im März/April lassen sich oft Heringe am Paternoster fangen, ab Mai stramme Hornhechte auf Blinker und kleine Fetzen an der Posen-Montage, vor allem bei östlichen Winden. Zu dieser Zeit rauben gelegentlich Meerforellen im und vor dem Hafen. Versuche mit der Spinnrute und schlanken Blinkern oder Seeringelwürmern an der Posen-Montage können sich dann in der Dämmerung lohnen.

Bei Einbruch der Dunkelheit kommen vereinzelt Dorsche in die Nähe der Mole. Sie beißen hauptsächlich auf Watt- und Seeringelwürmer, Herings-Fetzen und Sandaale. Auf diese Köder können genauso Plattfische und Aale gehen.

Beim Fischen auf Plattfisch, Dorsch und Aal liegst du hier mit normalem Brandungs-Gerät richtig, es genügen jedoch Ruten in Längen um 3,00 Meter. Beim Herings- und Hornhechtfischen kommen eher Ruten um 3,60 Meter Länge mit einem Wurfgewicht von etwa 40 bis 80 Gramm in Frage.

Zum Landen der Fische von der Mole aus kann ein Senknetz übrigens äußerst gute Dienste leisten.

Ganz in der Nähe des Hafens, etwa einen Kilometer östlich, findest du einen guten Platz für das Spinn- und Fliegenfischen im Winter und Frühjahr – **Kiekut**. Hier werden regelmäßig schöne Regenbogenforellen gefangen. Sie scheinen sich in dem flachen Wasser und über den Muschelbänken vor Kiekut äußerst wohl zu fühlen. Da das Wasser am Ende der Bucht meist einen geringeren Salzgehalt aufweist, als an der offenen Küste, ziehen sich vor allem im Winter auch viele Meerforellen in dieses Gebiet zurück. Auch die kleine Au bei Kiekut kann mit diesen Salmoniden dienen.

Kleine dunkle Spinner, Fliegen und Twister am schwimmenden oder langsam sinkenden Sbirolino können hier Erfolg bringen. Wer gern mit der Fliege fischt, fängt besonders gut mit kleinen, dunklen Tangläufer-, Wurm- und Garnelen-Imitationen.

Die Bucht in Richtung **Aschau** ist relativ flach, aber gut auf Forellen. Vor allem im Frühjahr, wenn die Heringe in die Bucht ziehen, kommen die größeren Exemplare in die Bucht. Hier vor der Steilküste ist es am besten, soweit hinaus zu waten, wie es die Wathose erlaubt und alle Richtungen abzufischen.

Direkt bei Aschau fließt eine Au (Kronsbek) in die Bucht. Doch Vorsicht: In der see-artigen Bucht darf nicht gefischt werden und auch beim Fischen von der Sandbank gab es in der Vergangenheit oft Ärger mit Bundeswehr-Angehörigen.

So sehen fängige Meerforellen-Fliegen aus.

Im Frühjahr und Herbst ist die Strecke bis zur Bucht bei **Noer** ebenfalls gut für das Spinn- und Fliegenfischen auf Meer- und Regenbogenforellen. Hier findest du abwechslungsreichen Grund mit Rinnen und »Wannen«, in denen oft größere Exemplare stehen.

Abends gehen vereinzelt auch Dorsche an (dunkle) Wobbler und Blinker. In der Bucht selbst lassen sich Wattwürmer »plümpern« und Plattfische fangen. Neben Watt- und Seeringelwürmern eigenen sich Fetzenköder.

Bei Surendorf kannst du beim Brandungsfischen Dorsch und Plattfisch fangen. Da hier ebenfalls eine Au in die Bucht mündet, ist diese Ecke ebenfalls gut für Meer- und Regenbogenforellen.

Richtung Dänisch Nienhof kannst du ebenfalls schöne Dorsche und Meerforellen fangen – würden nicht immer wieder, teilweise 100, 150 Meter vom Ufer entfernt, kilometerlange Netze stehen. Der gesamte Abschnitt bis Stohl taugt kaum noch für erfolgreiches Fischen. Wer das Glück hat, einen Tag zu erwischen, an dem keine Netze vor der Küste stehen, kann jedoch gut fangen.

Kieler Förde und Umgebung

Am Leuchtturm von **Bülk**, am Eingang zur Kieler Förde, ist gutes Fischen auf Dorsch, Meerforelle, Aal und Plattfisch möglich. Beim Spinn- und Brandungsfischen kann es über dem steinigen Grund zwar öfter mal zu Köder- und Vorfach-Verlusten kommen. Andererseits kannst du hier, besonders im Frühjahr, stramme Dorsche und Meerforellen fangen. Ab Mai gibt es Hornhechte und die Plattfisch-Fans kommen dann ebenfalls auf ihre Kosten. Im Sommer und Herbst lassen sich bei Bülk auch schöne Aale fangen, teilweise nah am Ufer.

Um mit Spinn- oder Fliegenrute an den Stein-Buhnen zu fischen, benötigst du eine Wathose. Wer trocken bleiben und trotzdem fangen möchte, fischt von der kleinen Mole aus. Mit normalem Brandungsgerät, 100 bis 150 Gramm schweren Bleien und Ködern wie Watt- und Seeringelwürmern, Heringsfetzen und Sandaalen kannst du vor allem in der Dämmerung teilweise sehr gut fangen.

Die Ostsee um Kiel ist ein beliebtes Angelrevier.

Weiter Richtung Kiel, an der **Strander Bucht**, sind im Sommer gute Aal- und Plattfischfänge möglich. Ab September werden hier mit Spinn- und Brandungsrute auch vermehrt Dorsche gefangen, im Frühjahr gehen dann auch öfter mal Meerforellen an Blinker und Wobbler, später zudem vereinzelt Hornhechte. Auch für Fliegenfischer stehen die Chancen gut. Tipp: Der kleine Zufluss bringt süßes Wasser in die Bucht und lockt Forellen an.

In der Förde bei **Falckenstein** gehen im Frühjahr ebenfalls oft schöne Meerforellen an den Haken. Aber damit nicht genug: Beim Brandungsfischen gibt es Dorsche und Plattfische, im Sommer auch Aale. Weite Würfe um die 100 Meter sind auch an diesem Strand von Vorteil, um an tiefes Wasser und somit an den Fisch zu kommen. Verwende hier deshalb möglichst Weitwurfgerät. Als Köder kommen Watt- und Seeringelwürmer, Fetzenköder sowie halbe/ganze Sandaale in Frage. Zum Ablegen der Ruten eignen sich einmal mehr Dreibeine am besten.

Ziehen im Frühjahr die Heringe in die Förde, ist das Fischen von der **Scheerhafen-Mole** aus beliebt. Mit Hilfe von Herings-Paternostern kannst du dann schnell einen ganzen Jahres-Vorrat zusammenfischen. Doch diese Mole taugt genauso auf Plattfische, Dorsche und Aale, die hier mit Naturködern an leichten Brandungs- und Grundruten gefangen werden.

Einen weiteren, guten Platz findest du an der »Mündung« des **Nord-Ostsee-Kanals** in die Kieler Förde. Im Innern der Kanals ist ein »Kanalschein« erforderlich, der bei nahezu allen Fachhändlern vor Ort erhältlich ist.

Hier kannst du im Frühjahr schöne Meerforellen (oft »braune« Fische) an der Spinnrute fangen, ab Mai dann Plattfische und dicke Aale. Als gute Köder gelten hier Watt- und Tauwurm, Fetzenköder und Garnelen. Auch Zander rauben hier – sie lassen sich ab Juni mit Fetzen, Gummifischen und Twistern erfolgreich befischen.

Es genügt normales Brandungs- oder Grundgerät sowie Bleie bis 100 Gramm. Ein Dreibein zum Ablegen der Ruten ist auch hier unentbehrlich.

Das **Hindenburg-Ufer** an der Badeanstalt Bellevue liegt ein guter Platz für das Fischen auf Aal, Plattfisch, Meerforelle und Hering. Leichtes Brandungs- oder Grundgerät passt hier ideal. Da von der Kaimauer aus geangelt wird, ist ein Dreibein zum Ablegen der Ruten praktisch.

Auch am äußersten Zipfel der Förde, an der »Hörn«, wird im Frühjahr (März/April) den Heringen nachgestellt. Die Angler stehen hier oft Schulter an Schulter, doch auch die Heringe selbst drängen sich in dichten Schwärmen auf engem Raum. Teilweise kommen dann außerdem hungrige Meerforellen hierher, um zwischen den Schwärmen zu rauben. Ein Versuch mit Spinnrute und schlanken Blinkern kann Erfolg bringen.

An der **Schwentine-Mündung** geht's rund. Im März/April kommen die Heringe, Plattfische beißen fast das ganze Jahr über, vor allem auf Wattwurm und kleine Fetzen. Außerdem kannst du hier von Mai bis August Meer- und Regenbogenforellen sowie Lachse mit der Spinnrute fangen. Für das Fischen an der Schwentine-Mündung benötigst du einen zusätzlichen Erlaubnisschein. Es gibt ihn bei nahezu allen Fachhändlern vor Ort.

Bei **Mönkeberg** findest du eine flache, sandige Bucht, in der im Frühjahr immer wieder gute Meerforellen gefangen werden. Ansonsten ist dieser Platz nur zum Fischen auf Plattfische geeignet.

Der Anleger bei **Kitzeberg** ist immer gut für das Fischen auf Dorsch und Plattfisch. Vor allem in der Dämmerung kannst du dort »abräumen«. Auch für das Fischen auf Meerforelle ist diese Ecke äußerst interessant, vor allem im Frühjahr, wenn die Heringe in die Förde ziehen, die sich von hier aus dann ebenfalls fangen lassen. Ab Mai kommen dann die Hornhechte nahe an den Anleger heran, die sich am besten mit kleinen, schlanken Blinkern und Fetzenköder an der Pose fangen lassen. Im Sommer gehen bei Kitzeberg oft schöne Aale auf Wattwurm, Garnelen und Fetzen-Köder. Auch hier liegt die beste Zeit in der Dämmerungs-Phase, das heißt, morgens und abends.

Für das Fischen vom Anleger aus genügt normales Brandungs- oder Grundgerät. Bleie um die 125 Gramm oder leichter reichen meist aus.

Der Strand bei **Heidkate** ist vor allem eines: sandig. Aus diesem Grund gehen hier beim Brandungsfischen meist Plattfische an den Haken. Aber das Wasser vor den Steinpackungen ist tief und strömungsreich. Deshalb rauben dort auch Dorsche und (zeitweise) Meerforellen. Vor allem im Frühjahr und Herbst lohnen sich Versuche mit der Spinn- oder Fliegenrute.

Hier fangen alle, beim Brandungsfischen üblichen Naturköder – Wattwürmer, Fetzenköder und Sandaale, manchmal aber auch Seeringelwürmer besonders gut.

An diesem Strand kommst du mit normalem Brandungsgerät gut klar. Wird von den Steinpackungen aus gefischt, kann es mit normalen Strand-Rutenhaltern arge Probleme geben. Deshalb empfiehlt sich hier ein (verstellbarer) Dreibein-Rutenhalter.

Wer Ruhe und Entspannung sucht, ist beim Watfischen richtig aufgehoben.

Am **Schönberger Strand** findest du ähnliche Voraussetzungen wie bei Heidkate. Auch hier lassen sich, je nach Jahreszeit, beim Brandungsfischen schöne Dorsche, Plattfische und Aale fangen. Im Frühjahr gehen auch immer wieder Meerforellen an Blinker, Fliege und Streamer. Ab Mai kommen dann die Hornhechte in Reichweite.

Hier sind mal wieder weite Würfe um die 100 oder120 Meter nötig, um an den Fisch zu kommen. »Weitwurfgerät und (Krallen-) Bleie um 150 Gramm« heißt die Devise. Beim ufernahen Fischen auf Aal und Plattfisch kannst du allerdings leichteres Gerät verwenden.

Hohwachter Bucht

Zum Brandungsfischen an den Stränden der Umgebung ist Weitwurfgerät sinnvoll. Denn oftmals sind Würfe um die 100 Meter angesagt, um dort erfolgreich zu sein. Kräftige Brandungsruten bis 4,20 Meter Länge und Bleie bis 200 Gramm können deshalb schnell notwendig werden. Und Dreibein-Rutenhalter sind auch an diesen Plätzen die beste Lösung.

Ganz in der Nähe findest du den **Hohenfelder Strand**. Auch hier lässt sich fast die komplette Palette der Küstenfische fangen. Vor allem beim Brandungsfischen im Frühjahr und Herbst kannst du an diesem Strand gute Dorsche und Plattfische haken, im Sommer auch Aale. Fängige Köder sind hier einmal mehr Watt- und Seeringelwurm, Fetzen und Sandaale.

Herrliche Sonnenuntergänge entschädigen für fischlose Tage.

Der Bereich Richtung **Todendorf** und **Hubertsberg** ist unter Spinn- und Fliegenfischern äußerst beliebt. Hier lassen sich, vom Herbst bis zum Frühjahr, Meer- und sogar Regenbogenforellen fangen. Aber auch beim Brandungsfischen auf Dorsch, Plattfisch und Aal ist diese Strecke oft sehr ergiebig. Durch das nahe Sperrgebiet halten sich die Berufsfischer meist fern – im Gegensatz zu vielen anderen Küsten-Abschnitten. Vielleicht ist das auch der Grund dafür, dass hier immer wieder große Dorsche um die zehn Pfund an den Haken gehen.

Zwischen **Behrensdorf** und **Hohwacht** findest du ebenfalls interessante Strände, an denen sich das Brandungs-, Spinn- und Fliegenfischen lohnen kann. Auch hier ziehen immer wieder Meer- und Regenbogenforellen entlang.

Die Mündung der Au bei **Lippe** ist ein Top-Platz für das Spinn- und Fliegenfischen auf Meer- und Regenbogenforelle , denn das in die Ostsee fließende Süßwasser lockt die Küsten-Salmoniden geradezu magisch an – vor allem im Winter. Auch Barsche könne hier gelegentlich an den Haken gehen. Beim Brandungsfischen werden hier meist Plattfische und Dorsche die Beute sein, im Sommer auch stramme Aale.

Wird von der Mole aus gefischt, genügen bereits Würfe um die 50 Meter und relativ leichtes Gerät. Möchtest du allerdings an der nahen Steilküste fischen, benötigst du Weitwurfgerät, um an die erste tiefe Rinne in etwa 120 Metern Entfernung zu gelangen.

Der **Weissenhäuser Strand** ist ein absoluter »Angler-Magnet«. Hier werden regelmäßig große Dorsche, Plattfische und Meerforellen gefangen, vor allem im Frühjahr und Herbst. Große Steine, tiefe »Wannen«, weite Sandflächen, Kraut- und Muschelbänke – die Unterwasser-Landschaft um Weissenhaus ist abwechslungsreich. Vor der Steilküste findest du tiefes Wasser nah unter Land und »Leopardengrund«. Im Sommer gehen hier zudem Aale und Hornhechte an den Haken. Die sandigen Abschnitte sind gute Plätze zum Fang von »Platten«. Weitwurfgerät und die üblichen Köder sind hier ideal. Die besten Zeiten liegen im Frühjahr und Herbst.

An der Mündung des **Oldenburger Grabens** kannst du außer Plattfischen im Sommer auch schöne Aale und sogar Barsche fangen. Der Strand von Dazendorf ist immer für schöne Meerforellen, Dorsche und Plattfische gut. Allerdings muss meist weit geworfen werden, um an den Fisch zu kommen – um die 100 Meter sollten schon »drin« sein. Am besten geht das natürlich mit Weitwurf-Gerät. Ab Mai tauchen hier zudem immer wieder Hornhechte auf.

Fehmarn

Die 78 Kilometer lange Küste der Insel Fehmarn ist sicherlich eines der beliebtesten Angel-Reviere an der deutschen Ostsee. Kein Wunder, denn rund um die Insel gibt es zahlreiche Plätze, die sich zum Brandungs-, Spinn- oder Fliegenfischen bestens eignen. Dorsche, Meer- und Regenbogenforellen, Plattfische, Aale, Hornhechte, Meeräschen können, je nach Jahreszeit, in den Gewässern um Fehmarn gefangen werden.

Das meist gute Fisch-Vorkommen erklärt auch, weshalb auf Fehmarn viele Meeresangel-Wettbewerbe wie der »Daiwa-Cup« oder Deutsche Meisterschaften stattfinden.

An allen Stränden sind wurfstarke, 3,90 bis 4,20 Meter lange Brandungsruten mit einem Wurfgewicht bis 250 oder 300 Gramm sowie Krallen- oder Rollbleie von 125 bis 200 Gramm ideal. Als Köder kommen die auch sonst üblichen Watt- und Seeringelwürmer, Fetzenköder, Sandaale und Garnelen zum Einsatz. Dreibein-Rutenhalter und Strand-Zelte sind auch hier äußerst praktisch.

Wer an Fehmarns Küste mit der Spinnrute losziehen möchte, ist mit dem üblichen Küsten-Gerät bestens bedient. Auch die Fliegenfischer finden ein weites Betätigungsfeld. Vor allem Meerforellen, Dorsche, Hornhechte sowie gelegentlich Meeräschen gehen hier an Streamer & Co.

Der Angler kann sich über Dorsch und Meerforelle freuen.
Foto: www.der-angler.de

Direkt an der **Fehmarnsund-Brücke** findest du mehrere gute Plätze. Im strömungs- und nahrungsreichen Wasser der Meerenge zwischen Fehmarn und dem Festland (Fehmarnsund) kannst du praktisch das ganze Jahr über erfolgreich auf diverse Fischarten angeln. Aufgrund der starken Strömung sind hier beim Brandungsfischen oftmals Krallenbleie notwendig, teilweise in Gewichten bis 200 Gramm. Nachteilig am Sund ist, dass hier oft starker Krautgang herrscht.

Auf der Festlandseite ist der Grund eher sandig, das Wasser flach. Hier kannst du im Frühjahr Meerforellen und ab Mai Hornhechte an Spinn- und Fliegenrute fangen. Auch zum Brandungsfischen taugt dieser Abschnitt – vor allem Plattfische sowie Dorsche und Aale gehen hier an den Haken. Die Landspitze etwa 800 Meter östlich der Brücke (von Großenbrode aus zu erreichen), ist ebenfalls ein guter Platz.

Passierst du die Brücke, erscheint auf der rechten Seite die **Belitz-Werft**. Hier fischst du in tieferem Wasser, als auf der Festlandseite. Würfe um die 100 Meter sind beim Brandungsfischen dennoch notwendig, vor allem, wenn es auf Dorsch gehen soll. Weiter »vorne« liegen vor allem Plattfische auf der Lauer, die sich gut mit Nachläufer-Montagen fangen lassen. Ab Mai werden hier oft Hornhechte auf kleine Blinker und Fetzen gefangen, gelegentlich auch Meerforellen.

Westlich der Brücke, am Leuchtturm bei **Strukkamphuk**, fischst du ebenfalls in strömungsreichem Wasser. Ein guter Platz für das Spinn- und Fliegenfischen auf Meerforelle, Dorsch und Hornhecht, an dem aber auch für Brandungsangler einiges »zu holen« ist.

Beim Brandungsfischen am Strand von **Flügge** gehen vor allem Plattfische und (im Sommer) auch Aale an den Haken. Bei Einbruch der Dunkelheit und bei westlichen Winden kommen auch die Dorsche in den seichten Uferbereich. Dennoch sind meist Würfe zwischen 80 und 100 Meter angesagt. An der Steilküste und am Leuchtturm ist das Wasser tiefer, der Grund abwechslungsreicher – eine sehr gute »Frühjahrs-Strecke« zum Watfischen auf Meerforelle, Hornhecht und Dorsch.

Am Strand bei **Wallnau** lohnt sich vor allem das Watfischen mit Spinn- oder Fliegenrute – auch im Sommer. Beim Brandungsfischen lässt sich so mancher Dorsch, Plattfisch oder Aal landen. Die gesamte Küstenstrecke bis nach **Westermarkelsdorf** ist ebenfalls ein heißes Dorsch- und Meerforellen-Revier – es gibt tiefes Wasser und abwechslungsreichen Grund. Ab und zu werden hier ebenfalls Regenbogenforellen auf Fliege gefangen. Im Sommer geht hier reichlich Hornhecht an Spinn- und Fliegenrute, beim Brandungsfischen zeitweise auch mehr Plattfisch als Dorsch.

Nördlich von Westermarkelsdorf, in Richtung **Teichhof**, kannst du ebenfalls Dorsch, Plattfisch, Hornhecht und Meerforelle nachstellen. Der abwechslungsreiche Grund und das schnell tiefer werdende Wasser bieten hier ideale Bedingungen. Beim Brandungsfischen musst du hier etwa 80 bis 100 Meter werfen,

Besonders bei trübem Wetter bestehen auch tagsüber gute Chancen auf Dorsche.

um an den Fisch zu kommen und auch beim Spinnfischen sind solche Weiten anzustreben.

Am Strand beim **Niobe-Denkmal** sind ebenfalls solche Würfe nötig, um an die »interessanten Kanten« zu kommen. Hier werden im Herbst oft große Dorsche gefangen – von Brandungs- wie Spinnfischern. Aber auch für das Fischen auf Meerforellen, Hornhechte und Plattfische ist dieser Bereich gut geeignet.

Richtung **Puttgarden** werden vor allem Plattfische gefangen, kurz vor der westlichen Hafen-Mole auch immer wieder gute Meerforellen und Dorsche, im Sommer Aal.

Wesentlich besser ist allerdings der Bereich bei **Marienleuchte**. Im Frühjahr und Herbst werden hier beim Spinnfischen oft Meerforellen und große Dorsche über zehn Pfund erbeutet. Letztere lassen sich dann auch gut beim Brandungsfischen fangen. Auch schöne Plattfische und Aale sind hier von Mai bis Oktober immer drin.

Der Strand und die Steilküste zwischen **Presen** und **Katharinenhof** ist sehr abwechslungsreich. Riffe, Steine, Muschel-, Sand- und Krautbänke wechseln sich hier ab. Das Watfischen mit Spinn- oder Fliegenrute auf Meerforelle, Dorsch und Hornhecht ist auf der gesamten Strecke aussichtsreich. Beim Brandungsfischen kannst du hier Dorsche, Plattfische und im Sommer auch Aale haken.

Ein weiterer beliebter Platz ist **Staberhuk**, am südöstlichen »Zipfel« der Insel. Hier am Leuchtturm kommen vor allem die Freunde von Dorsch und Meerforelle zum Zuge, denn die Bedingungen für diese Fischarten sind hier wirklich perfekt. Vor Staberhuk zieht immer eine relativ satte Strömung entlang, die viel Nahrung und Fisch mit sich bringt. Vor allem im Frühjahr und Herbst werden hier Meerforellen und teilweise Dorsche über zehn Pfund überlistet. Ab Mai kommen die Hornhechte, auch vor Staberhuk kann dann reichlich gefangen werden. Im Sommer ist dieser Platz durch sein tiefes Wasser ebenfalls gut für Dorsch und auch Meerforelle. Weiter gehen Aale und Plattfische an den Haken, vor allem in Ufernähe.

Beim Brandungsfischen können die zahlreichen Steine, Löcher und Muschelbänke für reichlich Abrisse sorgen. Beim Spinn- und Fliegenfischen halten sich hingegen die Köder-Verluste in Grenzen, lassen sich aber nicht ganz vermeiden.

Auch in Richtung **Burgtiefe**, am **Südstrand** und bei **Wulfen** kannst du erfolgreich fischen, beim Waten oder vom Ufer aus.

Neustädter Bucht

Der gesamte Abschnitt von **Großenbrode** bis **Dahme** / Dahmeshöved empfiehlt sich vor allem für watende Spinn- und Fliegenfischer. Im Frühjahr und Herbst lassen sich auf dieser Strecke stramme Meer- und Regenbogenforellen, sowie Dorsche fangen. Vor allem das Riff bei **Süssau** (am Parkplatz) bringt immer wieder gute Fische.

Der Strand bei Süssau.

Beim Brandungsfischen werden meist Plattfische, Dorsche und (im Sommer) auch Aale gelandet. Würfe um die 100 Meter sind fast immer notwendig, um über die Sandbänke zu kommen.

Der Strand bei **Rosenfelde** bringt weniger Dorsche und Meerforellen, dafür umso mehr Plattfische und Aale. Deshalb bietet sich dieser Bereich vor allem für das Brandungsfischen an. Weite Würfe zwischen 80 und 120 Metern bringen hier die Montagen auf oder hinter die zweite Sandbank.

Kurz vor Dahme mündet der **Oldenburger Graben**. Hier gehen vor allem im Frühjahr Meer- und Regenbogenforellen, teilweise außerdem Barsche an Spinn- und Fliegenrute. Für Brandungsangler hält dieser Bereich Plattfisch und im Sommer Aal bereit.

Die Küste von Dahmeshöved.

Die Steilküste am Leuchtturm bei **Dahmeshöved** ist ein absoluter Spitzen-Platz. Ob Meerforelle, Dorsch, Plattfisch, Hornhecht oder Aal – über dem Mischgrund um Dahmeshöved kannst du gut fangen. Für das Spinn- und Fliegenfischen ist vor allem die Land-Spitze rechts vom Leuchtturm und das Riff weiter südlich zu empfehlen.

Der Hafen von **Neustadt** gibt, vor allem im Frühjahr, immer wieder große Barsche preis – oft in Gewichten bis ein, zwei Pfund. Durch das brackige Wasser fühlen sie sich hier relativ wohl und beißen auf kleine (weiße) Twister, Spinner und Tauwürmer. Im Sommer gehen im Hafengebiet zudem dicke Aale an die mit Watt-, Seeringel- oder Tauwürmern beköderten Grundruten. Außerhalb des Hafens, bei Pelzerhaken, kannst du Plattfische, Dorsche und gelegentlich Meerforellen fangen.

Travemünde

Für das Fischen im Brackwasser der Trave-Mündung/Unter-Trave ist ein zusätzlicher Erlaubnisschein erforderlich. Dieser kostet 15 Euro pro Jahr und ist unter Vorlage des Fischereischeins bei fast allen Lübecker Gerätehändlern erhältlich.

Doch das Geld ist gut angelegt. Denn von der langen Außen-Mole bei Travemünde kannst du im Frühling Heringe, Meerforellen, Plattfische und auch

Dorsche fangen. Dazwischen lassen sich auch immer wieder schöne Barsche überlisten, vor allem mit Spinner, Twister oder Tauwurm. Ab Mai kommen die Hornhechte bis an die Mole heran. Sie können von hier aus mit der Spinnrute und kleinen, schlanken Blinkern gefangen werden. Fängig sind außerdem kleine Heringsfetzen an der Posen-Montage.

Im Sommer werden bei Travemünde hauptsächlich Aale und Plattfische gelandet, gelegentlich auch Meeräschen. Im Herbst/Winter gehen dann wieder eher Dorsche, Plattfische, Meer- und Regenbogenforellen an den Haken.

In der Trave-Mündung gehen im Sommer dicke Aale auf Garnele, Wurm- und Fetzenköder. Foto: www.der-angler.de

Was so gut klingt, muss doch einen Haken haben? Richtig. Eine Eigenart der Trave-Mündung ist die Abhängigkeit der Fänge vom Wind. Bei nördlichen bis östlichen Winden und hohem Wasserstand wird hier meist am besten gefangen. Bei südlichen und westlichen Winden geht hingegen oft gar nichts.

Beim Molen-Fischen genügen kräftige Grund- und Feederruten und Bleie bis 80, höchstens 100 Gramm. Die üblichen Küsten-Köder fangen auch in Travemünde. Hinzu kommen Tauwürmer, Garnelen und Muschelfleisch.

Schonbezirke und Schutzgebiete an der Küste Schleswig-Holsteins (Ostsee)

(gemäß Schleswig-Holsteinischer Küstenfischerei-Ordnung)

- Das Lindauer Noor einschließlich des Noorhalses, zur Schlei hin begrenzt durch die Linie Bahnwärterhaus am Eisenbahndamm - Schneidersack, gilt vom 1. März bis 31. Mai als Laichschonbezirk.

Vom 1. Oktober bis 31. Dezember gelten als Fischschonbezirke:

- Die Teile der Ostseeküstengewässer, die vor den Mündungen der nachstehenden Zuflüsse liegen und im einzelnen durch Verbindungslinien von Eckpunkten begrenzt werden, die in einem Abstand von 200 Meter beiderseits der Mündung und von dort im rechten Winkel seewärts bis zu einem Abstand von 200 Meter zur Uferlinie liegen.

Flensburger Förde
- Schwennau bei Glücksburg
- Au bei Bockholmwik
- Au bei Siegum
- Ringsberger Au
- Langballigau (Hafenausfahrt)
- Au bei Habernis
- Lippingau
- Au bei Koppelheck
- Lehbecker Au
- Abfluß des Geltinger Noors

In der Flensburger Förde ist das Gebiet, das in einem Umkreis (Radius) von 600 m um die Mündung der Krusau liegt, als **ganzjähriger Fischschonbezirk** ausgewiesen.
- Gebiete, die in der **Schlei** vor der Mündung nachstehend aufgeführter Zuflüsse liegen, in den folgenden Begrenzungen:
- Loiterau bis zu einer Linie, die vom westlichen Vorsprung Halbinsel Reesholm auf das Gebäude der »Ostseewerft Winning« zu verläuft,
- Osterbeck bis zu einer Linie, die von der Nordostecke des Yachthafens Götheby-Holm zur Nordspitze des Holmer Sees verläuft,
- Mündung des Ornumer Noors in die Schlei bis zu einer Linie, die vom Wadenzug »Lüttje Holt« im Westen über die Halbinsel zur Königsburg verläuft,
- Riesebyer Au bis zu einer Linie, die vom Bahnwärterhäuschen zum Landvorsprung östlich des Abflusses verläuft,
- Grimsnisau bis zu einer Linie, die das zur Werft »Grauhöft« gehörige Wohnhaus von Norden nach Süden durchläuft.

Eckernförder Bucht
- Schwastrumer Au
- Au bei Langholz
- Au bei Rethwisch
- Abfluß des Goossees
- Jordan (bei Kiekut)
- Aschau (Kronsbek)
- Lasbek (bei Surendorf)

Kieler Förde
- Strander Au (nördlich von Strande)
- Fuhlenau
- Hagener Au (bei Stein/Laboe)
- Barsbeker Au (Barsbek)

Hohwachter Bucht
- Schönberger Au
- Scherbek (bei Schönberger Strand)
- Rethkuhl-Au
- Hohenfelder Mühlenau
- Abfluß des Waterneversdorfer Sees (bei Lippe)
- Abfluß des Sehlendorfer Binnensees
- Wasbeker Au (bei Weißenhaus)
- Oldenburger Graben (bei Weissenhaus und Dahme)

Dassower See
- Stepenitz

An der mecklenburgischen Küste.
Foto: www.der-angler.de

Wismar-Bucht und Umgebung

Der Bereich von **Elmenhorst** über Steinbeck bis **Großklützhöved** ist vor allem im Frühjahr und Herbst ein gutes Revier zum Brandungsfischen auf Plattfisch und Dorsch. Im Frühjahr eignet sich dieser Bereich ideal, um mit Spinn- oder Fliegenrute den Meerforellen nachzustellen. Hier werden zwar nicht viele, aber regelmäßig große Fische gefangen. Als Beifang gibt es Dorsche und besonders um Großklützhöved immer wieder Regenbogenforellen. Ab Mai kommt der Hornhecht vorbei. Im Sommer »läuft« auf dieser Strecke der Aal, gelegentlich werden sogar Steinbutt gefangen.

Richtung **Boltenhagen** wird es seichter und sandiger. Dort kannst du mit Weitwurfgerät und den üblichen Ködern auf Plattfische und Dorsche fischen, beim Waten mit Blinker oder Fliege auf Meerforelle und Hornhecht.

Beim Watfischen um Großklützhöved gehen immer wieder große Meerforellen auf Blinker und Fliege. Foto: www.der-angler.de

Am **Wohlenberger Wiek** zieht sich eine lange Mole weit in die Ostsee hinein – hier kannst du ohne weite Würfe schöne Plattfische und auch Dorsche erbeuten. Besonders mit Watt- und Seeringelwürmern sowie bei nördlichen Winden kannst du hier erfolgreich sein. Mit Herings-Fetzen oder kleinen Sandaalen am Haken gehen mit etwas Glück auch Steinbutt an den Haken, vor allem ab September. Für das Spinn- und Fliegenfischen auf Hornhecht, Meer- und Regenbogenforelle ist dieser Bereich immer einen Besuch wert. Vor allem zwischen März und Juni wird teilweise sehr gut gefangen. Beim Molen-Fischen reichen übrigens 3,00 bis 3,90 Meter lange Grundruten mit Wurfgewichten bis 80 Gramm aus.

Tipp: Läuft das Wasser bei südlichen und westlichen Winden aus der Bucht ab, kannst du hier besonders weit hinaus waten – gerade beim Spinn- und Fliegenfischen auf Hornhecht und Meerforelle verbessert das die Chancen ganz erheblich.

Bei **Eggers Wiek** befinden sich im Küstenbereich viele Rinnen, in denen oft Plattfische »stehen«. Gegen Abend kommen meist die Dorsche in Wurfweite. Auch hier kannst du mit normalem Brandungsgerät und den üblichen Ködern vor allem Plattfische und im Sommer auch Aale fangen. Vereinzelt gehen im März/April Meer- und Regenbogenforellen an Spinn- und Fliegenrute.

Am Wohlenberger Wiek ist waten angesagt.

Auf der **Insel Poel**, im Küstenbereich nördlich von Timmendorf findest du tiefes Wasser dicht unter Land. Bei westlichen Winden lassen sich beim Brandungsfischen neben guten Plattfischen außerdem stramme Küstendorsche überlisten.

Der Strand bei »Schwarzer Busch« ist ebenfalls nicht zu verachten. Anfangs eher flach und sandig, wird das Wasser in Richtung Steiküste allmählich tiefer. Dort kannst du im Mai und Juni deinen persönlichen »Hornhecht-Rekord« aufstellen oder bereits im März/April stramme Meer- und auch Regenbogenforellen fangen. Letztere werden hier auch oft im Winter überlistet.

Die Regenbogenforellen um Poel liefern heiße Drills. Foto: www.der-angler.de

Der nördlicheTeil der Insel bei Kaltenhof eignet sich relativ gut zum Brandungsfischen auf Plattfisch und Dorsch. Allerdings nur bei auflandigen, nördlichen bis westlichen Winden. Ganz anders als beim Fischen auf Forelle, das hier bei westlichen und südlichen Winden am meisten Erfolg verspricht. Vor allem in der Nähe des Leuchtturms, im Norden der Insel, sind die Aussichten gut.

Einen heißen Platz für das Fischen auf Meer- und Regenbogenforelle findest du an der Enge zwischen der Insel und dem Festland bei Fährdorf. Hier zieht oft eine kräftige Strömung entlang, deshalb hast du an dieser Stelle auch im Sommer gute Chancen auf »schuppigen« Erfolg.

Auf Poel benötigst du schon Weitwurf-Gerät, um an den Dorsch, Plattfisch und Aal heranzukommen. 3,90 bis 4,20 Meter lange Ruten mit Wurfgewichten bis 200 Gramm und Bleie bis 150 Gramm sind ideal. Bei auflandigen Winden können außerdem (Krallen-) Bleie in Gewichten bis 200 Gramm notwendig werden.

Das **Salzhaff** südlich der Halbinsel Wustrow ist, wie die Bodden, mit der Ostsee verbunden. Auch das Wasser des Haffs ist brackig und flach – meist sogar nur ein bis zwei Meter tief. Hinzu kommt, dass die Ufer meist schwer zugänglich oder gesperrt sind. Deshalb ist hier das Fischen vom

Hornhechte in Massen – in der Ostsee um Wismar keine Seltenheit.
Foto: www.der-angler.de

Boot aus die beste Möglichkeit, um an tiefere Bereiche und somit an den Fisch zu kommen.

Hier kannst du beim Wat- und Bootsfischen mit Blinker und Fetzen-Köder ab Ende April Hornhechte in Massen fangen. Aber auch Plattfische, Aale, Barsche und sogar Alande kommen im brackigen Wasser des Salzhaffs vor. Dorsche kannst du ab Oktober in der Nähe des Ausgangs zur offenen Ostsee, an der Spitze der **Halbinsel Wustrow** fangen. Hier ist das Wasser tiefer. Vom Boot aus sind hier von April bis Oktober/November außerdem immer gute Plattfischfänge möglich. Mit Wattwürmern beköderte, gezupfte Nachläufer-Montagen bringen dabei die besten Ergebnisse. Beim Fischen vom Boot aus reichen Grundruten mit Wurfgewichten bis 80 Gramm völlig aus. An der westlichen Seite der Halbinsel lassen sich beim herbstlichen Brandungsfischen mit kleinen Heringsfetzen und halben Sandaalen gelegentlich auch schöne Steinbutt fangen.

Bei **Tessmannsdorf** mündet der **Hellbach** ins Salzhaff. Ein guter Platz, allerdings sind dort das rechte und linke Ufer des Mündungsbereichs im Radius von 100 Metern als Schonbezirk ausgewiesen. Außerhalb dieses Bereichs bestehen im Sommer gute Chancen auf Aale – vor allem beim Nachtangeln mit Watt- und Tauwurm am Grundgerät.. Beim Spinnfischen mit kleinen Spinnern (Größen 1 bis 2) sind im Frühjahr und Herbst auch immer dicke Barsche und Alande drin. Diese kannst du auch an der Fliegenrute fangen.

Rostock und Umgebung

Bei **Rerik** kannst du gut von der Seebrücke aus fischen. Das Wasser ist am Ende der Brücke bereits über vier Meter tief, so dass hier keine weiten Würfe nötig sind, um an Dorsch, Plattfisch, Hornhecht, Meerforelle und andere Fischarten zu kommen. Die Strände in der Umgebung sind ebenfalls interessant. Links der Brücke ist das Wasser flach, der Grund sandig. Hier können vor allem im Frühjahr und Herbst sehr gute Plattfisch-Fänge glücken. Die Dorsche kommen meist mit Einbruch der Dunkelheit in Wurfweite.

Mit ständig wechselnden Tiefen und Gründen ist der komplette Abschnitt bis **Meschendorf** ein sehr lohnender Bereich für das Brandungsfischen auf Dorsche, Plattfische und im Sommer Aale. Zudem gilt dieses Revier als eines der besten zum Fang von Steinbutt. Diese Strecke gilt außerdem als »Zugstrecke« der Meerforellen. Vor allem im Frühjahr sind hier zeitweise gute Fänge möglich.

Die **Seebrücke Kühlungsborn** ist unter Anglern bekannt und beliebt. Im zum Teil über fünf Meter tiefen Wasser lassen sich Dorsch, Plattfische, Aal, Meerforelle, Meeräsche und Hornhecht fangen. Die Strände im Umkreis sind meist sandig und mit Wellenbrechern durchsetzt.

Bei **Heiligendamm** beginnt eine Steilküste, die sich fast bis nach Warnemünde hinzieht. Gute Plätze sind auch die Bereiche bei Nienhagen und Geinitzort. Auch die Mole in **Warnemünde** ist Erfolg versprechend und somit beliebt. Dort kannst du sogar tagsüber schon einiges fangen, besser läuft es jedoch nach Einbruch der Dunkelheit. Die Artenvielfalt in der Ostsee bei Warnemünde ist groß. Neben Salzwasserfischen wie Dorsch, Plattfisch, Hornhecht und Hering kommen auch Aale, Barsche und Rotaugen vor. Meer-und Regenbogenforellen und gelegentlich Lachse ergänzen die Palette.

Am **Breitling** und an der **Unterwarnow** herrscht Brackwasser vor. Beim Grund- und Spinnfischen gehen Aale, Barsche, Hechte, Zander, Karpfen, Schleien, Weissfische und Heringe an den Haken. Gelegentlich werden auch Plattfische und Meerforellen gefangen. Letztere sind in diesem Bereich jedoch ganzjährig geschont und müssen zurückgesetzt werden. Außerdem ist ein zusätzlicher Erlaubnisschein notwendig, der bei allen Rostocker Gerätehändlern erhältlich ist.

In dem Bereich zwischen **Warnemünde** und **Dierhagen** kannst du fast alles fangen, was die Ostsee hergibt. Bei **Markgrafenheide** und **Graal-Müritz** befinden sich beliebte Strände, an denen du mit der Brandungsrute erfolgreich auf Dorsch, Plattfisch, Meerforelle und Hornhecht fischen kannst. Die »Platten« beißen hier schon in 50, 60 Meter Entfernung, meist auf Watt-und Seeringelwurm oder kleine Heringsfetzen.

Abends kommt der Dorsch ...

Fischland / Darß / Zingst

Auf Fischland ist vor allem die **Seebrücke Wustrow** als guter Platz zu erwähnen. Hier kannst du Dorsche, Plattfische sowie Meerforellen und (selten) sogar Lachse fangen. Im Frühjahr kommen Heringe und Hornhechte an die Brücke heran, im Sommer läuft der Aal. Dann werden bei Wustrow gelegentlich sogar Rotaugen und Barsche gefangen. Auf der Seebrücke darfst du in der Zeit von 22 bis 6 Uhr fischen Hier benötigst du lediglich normales Grundgerät, sogar stabilere Karpfenruten eignen sich.

stlich des Landvorsprungs **Darßer Ort** erstreckt sich die Flachküste der **Halbinsel Zingst** mit ihren breiten Sandstränden. Da das Gebiet im Wind- und Strömungsschatten vom Darßer Ort liegt, ist die Anlandung von abgetragenem Sand beträchtlich. Dadurch liegt Sechs-Meter-Tiefenlinie über 500 Meter vom Strand entfernt und die Brandungszone ist sehr breit und flach – ungünstig für das Brandungsangeln. Günstige Fangplätze sind hingegen die **Seebrücken** in **Prerow** und **Zingst**. Dort kannst du mit Grund- und Brandungsgerät auf Aale, Plattfische, Dorsche, Meerforellen, Barsche und Rotaugen fischen. Im Mai/Juni kommen die Hornhechte in die Nähe dieser Brücken.

Zwischen Ribnitz-Damgarten und Stralsund, begrenzt durch die Halbinsel Fischland-Darß-Zingst befinden sich die **Darßer Bodden**. Das sind seichte Gewässer in denen du an manchen Stellen viele 100 Meter weit hinaus waten kannst. Auch mehrere 100 Meter weiter draußen ist es meist nicht viel tiefer als zwei bis drei Meter. Aber es gibt steile Scharkanten, Steinfelder und Bänke, so dass eine Seekarte sehr empfehlenswert ist. Im Bereich der Darßer Bodden ist die Artenvielfalt enorm groß. Aale, Barsche, Hechte, Zander, Hornhechte, Flundern (im Grabow), Rotaugen, Güstern, Brassen, Schleien, Karpfen, Kaulbarsche, Karauschen sowie Meer- und Regenbogenforellen können an den Haken gehen.

Der **Saaler Bodden** bedeckt eine Fläche von etwa 81 Quadratkilometer und der **Grabow**, das beste Angelgebiet, immerhin 41,4 Quadratkilometer. Dazu gehören der **Barther** und der **Bodstedter Bodden**.

Das einströmende Ostseewasser versalzt die Bodden ständig, am wenigsten den Saaler Booden mit einem Salzgehalt von 0,1Prozent, am meisten den Grabow, der einen Salzgehalt von etwa 0,7 Prozent aufweist. Süßwasser-Nachschub erhalten die Bodden vor allem durch die Flüsse Recknitz und Barthe. Etwa in Höhe der Meiningen-Brücke verläuft die Grenze zwischen eher süßem und salzhaltigen Wasser.

Wichtigster Köder ist hier eindeutig der Wurm. Westlich der Meiningenbrücke sind es eher Tau- und Rotwürmer, östlich bevorzugt Watt- oder Seeringelwürmer. Auch frische oder kurz gekochte Miesmuscheln und Garnelen sind gute Köder. Fingerlange, über dem Grund angebotene Köderfische sind fängig auf Barsche. Maden und Teig eignen sich auf Weißfische. Anfüttern ist auf jeden Fall von Vorteil. Der Saaler Bodden lockt außerdem mit schönen Zandern, die hier im Mai/Juni mit hellen Twistern und Gummifischen gefangen werden. Erfolg versprechen auch Blinker und Wobbler. Ein Boot ist von Vorteil, es sollte rauwassertauglich und seegängig sein. Schwimmwesten, Seekarten, Kompass, Echolot, Handy, rote Seenotraketen mit Signalgeber sowie ein Fernglas sollten zur Standardausrüstung gehören.

Bestes Gewässer zum Bootsfischen ist der Ostteil des Boddens ab der Meiningen-Brücke. Auch das Wat- und Belly-boat-Fischen lohnt sich.

Achtung: Für das Fischen in diesen Gebieten benötigst Du einen zusätzlichen Erlaubnisschein, der bei der *Barther Yachtservice GmbH*, Hafenstr. 28, 18356 Barth, (038231-27 40) und bei nahezu allen Gerätehändlern der Umgebung erhältlich ist. Für die Bodden müssen auch DAV-Mitglieder eine Zusatzkarte lösen.

Nahezu das ganze Boddengebiet (mit Ausnahme des Saaler Boddens) gehört mit seiner Nordhälfte zum Bereich des Nationalparks Vorpommersche Boddenlandschaft. In der Kernzone I ist das Angeln ganzjährig verboten, in der Schutzzone II sind Gebietsausweisungen für das Angeln in Vorbereitung. Das Angeln von der Meiningen-Brücke ist nicht erlaubt. Ankern in der Fahrrinne ist verboten. Beim Angeln in und entlang der engen Fahrwasserrinnen musst du Rücksicht auf den Schiffsverkehr nehmen. Der Stichkanal Körkwitz/Hof ist ein »Intensivgewässer« und daher nicht zu beangeln. Im Saaler Bach von Pumpenhaus bis zur Mündung und in der Recknitz von der Straßenbrücke Ribnitz-Damgarten bis zur Mündung ist das Fischen vom 1. April bis 31. Oktober verboten.

Nahe des Badeortes **Zingst** entfernt sich die Sechs-Meter-Tiefenlinie noch weiter vom Ufer. Das gesamte Gebiet zwischen der Schwemmlandinsel Bock am östlichen Ende des Zingst und der Südspitze der Insel Hiddensee ist extrem seicht. Es weist nur in der Strömungsrinne, dem so genannten Gellenstrom, Tiefen von einigen Metern auf. Hier ist nur das Fischen vom Boot aus möglich.

Hier kannst du Plattfische, Aale, Hornhechte, Dorsche und vereinzelt Süßwasserfische wie Hechte, Zander, Barsche und Rotaugen überlisten. Beliebt ist dort das Grundfischen auf Aal mit Garnele, Wattwurm, Tauwurm. Auf Hornhecht bewährten sich schlanke Blinker oder Fetzen an der Pose. Beim Grund- und

Stippfischen mit Wurm und Made kannst du bei Zingst gute Barsche und Rotaugen fangen.

Strelasund

Der Sund befindet sich zwischen dem Festland und der Insel Rügen. Der schmale, an der engsten Stelle nur etwa einen Kilometer breite, flussartig gewundene Sund verbindet den Kubitzer mit dem Greifswalder Bodden und trennt das Festland von der Insel. In den kleinen Buchten befinden sich teilweise Sandstreifen, gelegentlich auch größere Schilfgürtel. Der Salzgehalt ist je nach Windrichtung unterschiedlich. Im Durchschnitt liegt er bei 0,7 Prozent. Im Strelasund geht´s auf Aal, Hecht, Zander, Salmoniden, Karpfen, Güster, Barsch, Rotauge, Brassen, Schleie, Ukelei, Aland, Hornhecht, Hering und Plattfische.

Am Strelasund geht´s auf große Hechte.
Foto: www.der-angler.de

Auch am Strelasund ist es nicht einfach, die Fische zu finden. Vor allem beim Spinnfischen auf Hecht, Barsch und Zander muss gesucht und möglichst viel Fläche befischt werden. Am besten gelingt das natürlich vom Boot aus. Allerdings ist es nicht einfach, vor Ort eines zu leihen, deshalb solltest du möglichst lieber ein eigenes mitbringen. Aus Sicherheitsgründen solltest du hier jedoch nur Boote in Längen über vier Meter verwenden. Für alle, die kein Boot besitzen, bietet die Mole in Stralsund gute Möglichkeiten.

Auch das Brandungsangeln ist sinnvoll, vor allem vor der Halbinsel Drigge, vor dem Deviner Haken oder die Ufer bei Stahlbrode. Das Watfischen im Frühjahr und an einigen Stellen das Uferangeln (wie in den Häfen) Erfolg versprechen. Am erfolgreichsten kannst du hier mit gängigen Blinkern und Löffeln, wie Effzett oder Heintz, und Spinnern, wie Mepps, Ondex oder Vibrax, fischen. Große Wobbler in Richtung Rapala, Castaic oder Nils Master sowie Gummifische bis über 20 Zentimeter Länge fangen ebenfalls.

Als Rute verwendest du am besten eine 2,70 bis 3,00 Meter lange Spinnrute mit einem Wurfgewicht bis 60 oder 80 Gramm. Bei der Hauptschnur bist du mit 0,30 bis 0,35 Millimeter starkem Monofil oder 0,17 Millimeter starker Geflochtener gut beraten. Ein stabiles und 40 bis 60 Zentimeter langes Stahlvorfach mit einem kräftigen Wirbel ist gerade beim Hecht-Fischen oberstes Gebot. Zwingend notwendig ist außerdem ein großer Kescher, da vor allem in der Saison immer mit kapitalen Fischen gerechnet werden muss.

Allgemein gilt für das Hechtfischen: Die besten Zeiten sind kurz nach der Schonzeit und im Herbst, besonders im Oktober / November. Im Frühjahr und Sommer stehen die meisten Hechte in flachen, 0,5 bis zwei Meter tiefen und krautreichen Gebieten. Ist der Sommer sehr warm, nehmen die Hechtfänge stark ab. Je kälter es wird, um so tiefer stehen die Hechte. Dann sind die ausgetonnten Fahrwasserbereiche am besten. Außerdem empfehlen sich die **Prohner Wiek** und das **Mühltief (Schwedenstrom)** im nördlichen Strelasund.

Rot- und Tauwürmer, Twister oder kleine Spinner sind zum Fang von Barschen ideal. Gerade im Frühjahr werden oft Exemplare von über 30 Zentimeter gefangen. Die zahlreichen Heringe kannst du von Anfang März bis Anfang Mai mit dem Heringspaternoster befischen.

Nicht zuletzt benötigst du einen zusätzlichen **Erlaubnisschein**. Dieser ist bei allen Gerätehändlern in der Umgebung erhältlich. Da der Strelasund zu den inneren Seegewässern gehört, musst du die entsprechenden Regelungen, Jahresschongebiete und Sperrgebiete beachten. Die Fahrrinne sollte aus Sicherheitsgründen nicht beangelt werden.

Die DAV-Gruppen Stralsund-Mitte, Stralsund-Kieper-Nord, Altefähr, Andershof und Devin haben übrigens Hunderte von Boots-Liegeplätzen und mehrere Slip-Anlagen geschaffen.

Achtung: Als Frühjahrslaichgebiete gelten Wamper Wiek, Gustower Wiek, Deviner See und Kemlade. Gemäß der Fischereiordnung dürfen hier aber vom 1. April bis zum 31. Mai DAV-Mitglieder mit der »Friedfischangel« fischen.

Rügen und Hiddensee

Die Bodden um Rügen sind bekannt für ihre großen Hechte. Der offizielle Boddenrekord liegt bei über 47 Pfund. Berufsfischer fingen 1998 angeblich einen Esox von 62 Pfund. Im Frühjahr ziehen jedes Jahr riesige Heringsschwärme zum Laichen in die Bodden. Diese sind neben dem gigantischen Weißfischbestand der Hauptgrund für das schnelle und kapitale Heranwachsen der Hechte.

Aber auch die anderen Fischarten wachsen hier erheblich schneller ab, als ihre Geschwister im reinen Süßwasser. Neben den Hechten kommen abhängig vom Gebiet Zander, Barsche, Dorsche, Aale, Plattfische, Meerforellen, Lachse, Regenbogenforellen, Heringe, Hornhechte, Meeräschen, Ostseeschnäpel und diverse Weißfisch-Arten vor. Das Problem ist es, die Fische in diesen riesigen Gewässern überhaupt zu finden. Dazu benötigst du sehr viel Glück oder besser jahrelange Erfahrung. Deshalb macht es Sinn, die Hilfe und das Fachwissen eines Guides zu nutzen, um nicht tage- oder wochenlang erfolglos auf den Bodden herum zu dümpeln. Der Schwerpunkt liegt ohne Zweifel beim Hechtangeln mit Kunstködern vom Boot aus, wobei es mitunter kapitale Barsche als Beifang gibt.

Neben großen Hechten ... Foto: www.der-angler.de

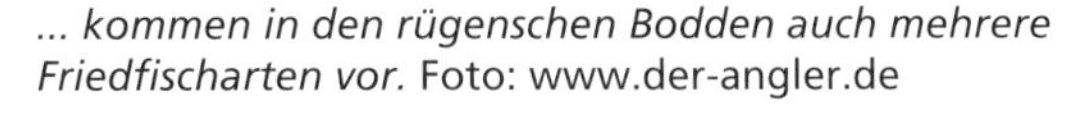

... kommen in den rügenschen Bodden auch mehrere Friedfischarten vor. Foto: www.der-angler.de

In der Saison werden auch die Heringe und Hornhechte befischt. Sie beginnt für Hering manchmal schon Mitte Februar und endet Anfang Mai. Besonders am Anfang der Saison kommen die großen Heringe, spater sind sie meist etwas kleiner. Zur gleichen Zeit haben auch die Freunde der Meerforellen Hochsaison.

Hornhechte kommen in der Regel Anfang bis Mitte Mai und bleiben bis in den Juni. An kleinen Blinkern oder Heringsfetzen liefern die Silberpfeile rasante Drills. Besonders gut sind dann Gebiete mit ein bis zwei Metern Wassertiefe. Aber auch das Naturköderangeln auf Steinbutt, Flunder und Kliesche ist top.

Die der Insel Rügen vorgelagerte **Insel Hiddensee** ist 18 Kilometer lang, 0,5 bis 3 Kilometer breit und ein Paradies ohne Autos und Zeltplätze. Die Insel lässt sich nur über den Wasserweg erreichen. Eine Fähre verkehrt in der Saison mehrmals täglich, ansonsten ein Postboot von Schaprode. In der Saison fährt die »Weiße Flotte« mehrmals täglich ab Stralsund zur Insel.

An ihrer Außenküste ist das ufernahe Wasser recht seicht, vor allem im südlichen Teil. Erst nördlich von **Neuendorf** erreichst du mit weiten Würfen wieder etwas tieferes Wasser. Weitaus günstiger sind die Verhältnisse nördlich des Ortes **Kloster**, vor allem im Nordwesten der Insel an der »**Hucke**«. An der Nordspitze Hiddensees erstreckt sich eine Steilküste mit vorgelagertem Geröllstrand. Hier findest du endlich wieder tieferes Wasser – ideal für das Spinn-und Fliegenfischen auf Meerforelle.

Rügen bietet eine abwechslungsreiche Küste.

Als Dauer-Schongebiete sind Libben im Nordosten und Gellen im Süden ausgewiesen, ebenso das NSG Bessin und Fährinsel. Das Beschädigen der Schilfgürtel ist strengstens verboten.

Wieder auf Rügen, bieten sich bei **Dranske** mehrere gute Stellen an. Am **Rehbergort** nähert sich die 6-Meter-Tiefenlinie der Küste wieder bis auf etwa 200 Meter. Hier findest du eine Steilküste mit relativ schmalem Strand. Mit weiten Würfen kannst du Wassertiefen um vier Meter erreichen. Der Grund ist mit Steinen durchsetzt, die Hängergefahr groß.

An diesen Plätzen kannst du beim Brandungsfischen mit Dorschen, Plattfischen und Aalen rechnen. Wattwürmer und Fetzenköder fangen hier meist am besten. Im Frühjahr werden auch immer wieder gute Meerforellen gefangen, ab Mai Hornhechte.

Von Dranske bis **Kap Arkona** findest du eine sehr gute Strecke zum Fischen auf Dorsch und Meerforelle. Im Sommer gehen dicke Aale und Plattfische an den Haken.

Die **Tromper Wiek** ist eine Meeresbucht südlich von Kap Arkona. In diesem Gebiet findest du mehrere gute Plätze, vor allem im Gebiet von Juliusruh sowie an der Südküste der Bucht bei **Glowe** sowie bei **Lohme**. Der Grund ist hier mit Steinen und Löchern durchsetzt. Dort befindet sich eine ausgezeichnete Meerforellen-Strecke, aber auch Aale und Plattfische gehen dort an den Köder, vor

Jede Küstenlandschaft besitzt ihren eigenen Reiz.

allem im Sommer und Herbst. In der kalten Jahreszeit und in den Abend- und Nachtstunden kommt der Dorsch zum Fressen ins flache Wasser. Als Köder nimmst du am besten Wattwürmer, Fetzen vom Hering oder Sandaal sind nicht ganz so fängig.

Die **Schaabe** trennt die Ostsee von den im Süden liegenden Bodden, von denen der flache **Große Jasmunder Bodden** 80 Quadratkilometer umfaßt. Der Wasserstand ist je nach Windrichtung unterschiedlich. Auf der Ostsee-Seite gibt es Plattfisch, Dorsch, Aal und Hornhecht. Gelegentlich werden auch Meerforellen gefangen. Im Bodden schwimmen Hechte, Zander, Barsche, Aale, Brassen und Rotaugen. An der Ostsee-Seite bringt das Brandungsfischen mit Watt- und Tauwürmern Erfolg. In den Bodden fangen große Blinker wie der Dr. Heintz sowie Bleikopfspinner Hechte und Barsche. Gummifische und Twister sind ebenfalls fängig, vor allem in weiss und beige.

Der Große Jasmunder Bodden darf nachts befahren, jedoch nicht beangelt werden. Beachte unbedingt die Frühjahrs-Schongebiete.

Bei **Glowe** beginnt eine Steilküste, die sich östlich und später südöstlich fortsetzt, um an der Ostseite von **Jasmund** schließlich in die berühmten Kreidefelsen überzugehen, die sich bis unmittelbar vor die Hafenstadt **Saßnitz** erstrecken. Ein schmaler, steiniger Strand ist charakteristisch für dieses Gebiet. Die Sechs-Meter-Tiefenlinie liegt dicht vor der Küste und der Grund ist überall sehr steinig. Hier kannst du Plattfische, Aale, Hornhechte und Meerforellen fangen.

Beim Brandungs- und Grundfischen von der Saßnitzer Ostmole erreichst du mit Würfen um 30 Meter etwa acht Meter tiefes Wasser. Besonders bei östlichen Winden und in den Herbst- und Wintermonaten kannst du hier schöne Plattfische fangen. An der Hafenseite der Mole fallen die Fänge meist spärlicher aus.

Die **Prorer Wiek**, oder **Binzer Bucht**, zeichnet sich durch breite Sandstrände aus und bietet verschiedene Möglichkeiten zum Fischen, auch vom Strand aus. Meist werden hier Flundern mit Fetzenköder oder Tauwurm gefangen.

Südlich von **Binz** sowie an der Ostseite der **Halbinsel Mönchgut** wechselt der Küstencharakter mehrfach. Die Wassertiefen nehmen nach Süden hin ab. Trotzdem gibt es auch hier gute Plätze zum Brandungsfischen. Es kommen Flundern, Hornhechte, Aale, Rotaugen, Barsche und gelegentlich Hechte sowie Meerforellen vor.

Die zum Fischen auf und um Rügen erforderlichen Erlaubnisscheine bekommst du bei unter anderem beim Ziese Angelladen, Wasserstraße 14, 18439 Stralsund (03831 – 29 43 82) sowie bei allen Gerätehändlern in der Umgebung.

Schonzeiten und Mindestmaße auf stehen auf dem **Erlaubisschein**. Zum Führen von Booten mit mehr als 6 PS benötigst du den »Sportbootführerschein See«. Das Fischen ist nur vom verankertem Boot aus erlaubt, das Schleppen verboten.

Peenestrom und Greifswalder Bodden

Nirgendwo in Europa werden jährlich so viele große Hechte von Anglern gefangen, wie am **Peenestrom** und im **Greifswalder Bodden**. Vor allem das nährstoffreiche Brackwasser bildet die Grundlage für das schnelle Wachstum der hier lebenden Fische. Durch den schwachen Salzgehalt kommen neben Hechten, Zandern, Barschen und Friedfischen auch Heringe, Hornhechte, Flundern, Lachse und Meerforellen vor.

Blick auf den Peenestrom.

Die **Außenküste von Usedom** ist neben Rügen eines der zuverlässigsten Reviere für das Fischen auf Meerforellen und Lachse.

Das Spinnfischen, vor allem auf Hecht, ist die an Peenestrom und **Achterwasser** beliebteste Methode. Meist wird dabei vom Boot aus gefischt. Die besten Chancen auf Meterhechte bestehen in der kalten Jahreszeit, etwa von Okto-

Hechte, wie dieser 65er, gelten am Peenestrom als absoluter Kleinkram.

ber bis März. Bei Temperaturen um den Gefrierpunkt kannst du an den tiefen Rinnen und Abbruchkanten beim Fischen mit grellen Gummifischen und Blinkern jederzeit mit größeren Fischen rechnen.

Tief tauchende Wobbler sind wegen des hindernisreichen Grundes nicht zu empfehlen. Besser fangen flacher laufende Modelle, vor allem nach der Laichzeit in den seichten Uferbereichen. Auch Spinner wie Mepps, Ondex oder Vibrax bringen regelmäßig gute Fische.

Der Barsch ist schon fast ein Massenfisch im Peenestrom. Er wächst hier zu kapitalen Größen heran. Exemplare von mehr als drei Pfund gehen recht häufig an den Haken und auch die Stückzahlen stimmen meist. Fänge von 20, 30 guten Barschen sind in der Saison zwischen Oktober und Dezember immer drin.

Zander kommen ebenfalls recht häufig im Peenestrom vor. Fische über 20 Pfund werden regelmäßig gefangen. Das Durchschnittsgewicht liegt in der Saison im Juni und Juli zwischen vier und sechs Pfund, zweistellige Fische sind an der Tagesordnung. Außerhalb der Saison sind Fische über fünf Pfund eher selten. Die besten Köder auf Peenestrom-Zander sind Gummifische und Twister von zehn bis 15 Zentimeter Länge in den Farben weiss, gelb und perlmutt, kombiniert mit rot oder grün. Die Jig-Köpfe sollten etwa 20 Gramm wiegen.

Gummifische fangen am Peenestrom große Hechte, aber auch Zander und sogar Barsche. Foto: www.der-angler.de

Im Peenestrom kann gezielt auf Friedfische gefischt werden. Dieser Brassen gehört dazu. Foto: www.der-angler.de

Da hier meist weite Würfe nötig sind, bist du mit einer etwa 2,70 bis 3,00 Meter langen Spinnrute von 30 bis 60 Gramm Wurfgewicht und einer leichten Stationärrolle samt 0,12 Millimeter starker, geflochtener Schnur gut beraten.

Auch das Fischen auf Meerforellen und Lachse kann hier gute Erfolge bringen. Oft kommt es vor, dass große Fische direkt am Ufer rauben. Aber auch vom Boot aus kannst du erfolgreich auf die Salmoniden fischen. Schwacher Wind und klares Wetter sind ausgezeichnete Bedingungen für große Forellen. Ob beim Schlepp-, Spinn- oder Fliegenfischen – hier kannst du jederzeit einen dieser schönen Fische überlisten.

Zuletzt seien noch die zahlreichen Friedfische erwähnt, die du hier vor allem im Sommer befischen kannst. Dabei kommt normales Süßwasser-Gerät zum Einsatz. Anfüttern erhöht die Aussichten deutlich.

Für Erlaubnisscheine, Tipps, Guiding und vieles mehr kontaktierst du am besten Angeln-Exklusiv, Am Fischmarkt – Museumshafen, 17438 Wolgast (0171 - 7 21 97 12) www.angeln-exklusiv.de , e-mail: fischen@angeln-exklusiv.de

Fisch- und Laichschonbezirke an der Küste von Mecklenburg-Vorpommern

In Laichschonbezirken ist es verboten, in der Zeit vom 1. April bis zum 31. Mai Fische zu fangen. Das betrifft folgende Gebiete, der jeweils darüber genannten Gewässer:

Stettiner Haff
- Neuwarper See
- Repziner Haken und Repziner Schaar
- Hartschaar
- Kamighaken
- Göschenbrinksfläche
- Anklamer Fähre
- Borkenhaken
- Usedomer See

Peenestrom
- Klotzower Gewässer
- Jamitzower Hard
- Balmer See
- Hohe Schaar
- Hohendorfer See
- Sauziner Bucht
- Spitzhörner Bucht
- Mahlzower Bucht
- Rohrplan bei Zecherin
- Bucht südlich Kuhler Ort (Alter Acker)
- Kirösliner See einschließlich Alte Peene
- Freester Hock
- Freesendorfer See

Greifswalder Bodden
- Abfluß Freesendorfer See
- Dänisch Wiek
- Gristower Wiek
- Puddeminer Wiek
- Schoritzer Wiek
- Wreechener See
- Neuensiener See
- Seiliner See
- Zicker See

Strelasund
- Deviner See
- Kemlade
- Gustower Wiek
- Wamper Wiek
- Kubitzer Bodden

Gewässer zwischen Hiddensee und Rügen
- Gewässer zwischen Ummanz und Rügen
- Nordteil des Wieker Boddens
- Neuendorfer Wiek
- Breeger Bodden nördlich der Saalsteine
- Mittel- und Spyker See
- Westteil der Lietzower Bucht

Darßer Boddenkette
- Flemendorfer Baek
- Barther Strom
- Fitt
- Prerower Strom
- Saaler Riff
- Saaler Bodden
- Recknitz

Die Mündungsbereiche folgender Zuflüsse in einer seitlichen oder seeseitigen Entfernung von 100 Meter sind Fischschonbezirke, in denen vom 1.Juli bis 31.Oktober der Fischfang verboten ist:

- Harkenbäk
- Klützer Bach
- Tarnewitzer Bach
- Abfluss des Stausees Farpen
- Hellbach
- Bollhäger Fließ (Fulgen)
- Mühlenfließ (Schleuse Jemnitz)
- Recknitz
- Saaler Bach
- Barthe
- Ziese
- Ryck
- Brebowbach
- Zarow
- Ücker

In bestimmten Teilen dieser Fischschonbezirke besteht ganzjährig ein Fischfang-Verbot:

- Der Bock
- Der Lippen
- Peenemündung
- Usedomer Kehle
- Nordteil Kleiner Jasmunder Bodden

(Angaben ohne Gewähr)

Ein ruhiger Abend an der Ostsee

Die Nordsee – von Sylt bis Emden

Insel Sylt

An der gesamten Westküste von Sylt findest du gute bis sehr gute Plätze zum Brandungs- und Spinnfischen. Nahezu alle Küstenfische gehen hier zu den jeweiligen Zeiten an den Haken, darunter Plattfische, Dorsche und Wittlinge. Gute Plätze befinden sich an der Nord- und Südspitze (Hörns) der Insel. Im Sommer lassen sich hier sogar Makrelen, Hornhechte und Wolfsbarsche fangen. An der Nordspitze bestehen im Frühjahr und Frühherbst außerdem Chancen auf Meerforellen und vereinzelte Lachse. Südlich der Insel erstreckt sich ein großes Schutzgebiet (Nationalpark), in dem das Angeln verboten ist. Sylt erfordert kein Weitwurfgerät. Brandungsruten können jedoch ruhig bis 4,20 Meter lang sein. Und bei kräftigen, westlichen Winden kommen durchaus 200 Gramm-Bleie zum Einsatz, um dagegen anzukommen.

Sonnenuntergang an der Nordsee.

Insel Föhr

Der Sandstrand bei Wyk ist in den Sommermonaten ein guter Platz für den Fang von Plattfischen und Aalen, in den Wintermonaten auch für den einen oder anderen Dorsch und Wittling. Im Sommer darf hier jedoch nicht geangelt werden (Badestrand) , es muss dann auf den Hafen von Wyk ausgewichen werden. Was aber nicht so schlimm ist, denn dort lässt sich einiges fangen – dicke Platte und schöne Aale gibt es auch hier, im Mai/Juni kommen auch die Hornhechte nah heran. Im Sommer kann sogar der Fang von Wolfsbarschen gelingen.

Außerdem reicht der Wasserstand im Hafen fast immer aus, um erfolgreich zu fischen. Beste Zeit ist aber auch hier, wie an der gesamten Nordsee, bei auflaufendem Wasser.

Im Hafen von Wyk liegst du mit Grund-und Feederruten und Bleien bis 80, 100 Gramm richtig. Am Strand sind jedoch Brandungsruten in 3,90 bis 4,20 Metern Länge und Krallenbleie bis 200 Gramm angesagt. Gute Köder sind auch hier Wattwurm, Garnele, Fetzen-Köder und Muschelfleisch. Auch auf Föhr solltest du immer eine Spinnrute im Gepäck haben.

Insel Amrum

Besonders im Hafen von Wittdün können gute Fänge gelingen. Das Wasser ist dort tief und durch den Schiffsverkehr wird viel Nahrung aufgewirbelt. Durch die Nähe zur offenen Nordsee kommen zahlreiche Fischarten vor. Los geht es im Frühjahr mit den Heringen, ab Mai sind Aale und Plattfische da. Auch die

Ein anderes Gesicht der Nordsee.

Hornhechte kommen nach Amrum, meistens ab Mitte Mai. Von Juni bis September lassen sich hier außerdem Makrelen, Meeräschen und sogar Wolfsbarsche fangen. Da hier meist im Hafen geangelt wird, genügt leichteres Gerät. Feeder-Ruten und Bleie zwischen 20 und 80 Gramm sind ideal. Auch für den Amrum-Besuch gilt: Spinnrute und schlanke Blinker einpacken.

Dagebüll Hafen

Auch in Dagebüll beißt fast alles, was die Nordsee hergibt. Im Frühjahr gehen Heringe auf die Paternoster-Vorfächer, später kommen dann auch stramme Makrelen, Hornhechte und Meeräschen vor die Molen. Ebenfalls direkt vor den Molen fängst du dicke Aale. Plattfische gehen im Sommer und Herbst an den Haken, gerade ab Oktober manchmal in rauen Mengen. Vereinzelt gibt es Seezungen. Im Herbst und Winter beißen Dorsch und Wittling, vor allem bei westlichen Winden. Einen Rutenhalter (Dreibein) darfst du nicht vergessen. (Von Dagebüll aus verkehren Fähren nach Föhr und Amrum)

Garnelen sind ein Top-Köder auf Plattfisch und Aal. Foto: www.der-angler.de

Schlüttsiel

Auch hier gibt es immer genug Wasser zum Fischen. Schlüttsiel ist von Mai bis November/Dezember ein lohnender Platz für Plattfisch-Freunde. Kliesche und Flundern kommen am häufigsten vor. Gelegentlich glückt hier sogar der

Besonders an der Nordsee gelten Molen als gute Plätze. Foto: www.der-angler.de

Fang von Seezungen. Garnelen sind hier übrigens oft fängiger als Watt- und Seeringelwürmer. Im Frühsommer kommen stramme Aale und manchmal Hornhechte dazu. Gerade die größeren Aale lieben Herings-Stücke und Tobiasfische (Tobs) – unbedingt mal probieren. In Schlüttsiel genügt leichtes Brandungs-Gerät.

Lüttmoorsiel

Aale, Plattfische, Heringe, Dorsche und Meerforellen (!) – im Lüttmoorsiel ist einiges unterwegs. Auflaufendes Wasser bildet einmal mehr die Grundvoraussetzung für erfolgreiches Fischen am relativ flachen Sielzug. Auch bei gerade wieder ablaufendem Wasser kann es dennoch gelingen, den einen oder anderen Plattfisch oder Aal zu überlisten. Leichtes Gerät passt hier ideal, also Ruten mit einem Wurfgewicht bis zu 120 oder 150 Gramm sowie Bleie mit einem Gewichten von 80 bis 120 Gramm – je nach Wind und Strömung. Wattwürmer, Garnelen und Fisch-Fetzen bilden die besten Köder.

Insel Nordstrand

Am Süderhafen gibt´s Hering, Plattfisch und Aal. Teilweise kommen hier etwa ab Mitte Mai außerdem die Hornhechte nahe ans Land. Versuche mit schlanken Blinkern oder kleinen Herings-Fetzen an der Posenangel bringen dann Erfolg. Das Holmer Siel auf der Nordseite bietet darüber hinaus auch Meerforellen. Hartnäckige Versuche mit der Spinnrute können sich lohnen. Auch alle anderen Arten kommen vor. Dorsch und Wittling im Herbst/Winter, Hering im Frühjahr, Aal und Plattfisch ab Mai, Hornhecht und Meeräsche ab Juni bis in den Sommer hinein. Leichteres Gerät (siehe Lüttmoorsiel) genügt insgesamt. Fische am besten bei nicht zu starkem Westwind. Als Köder empfehlen sich Wattwürmer, Garnelen und Fischfetzen.

Unendliche Weiten – an der Nordsee kann durchgeatmet werden. Foto: www.der-angler.de

Husum Hafen

Im Hafen von Husum fischt es sich im Frühsommer und Herbst am besten. Mit Wattwürmern, Garnelen und Fischfetzen (Hering) werden hier dann Aale und Plattfische wie Flunder und Kliesche gefangen, vor allem bei Dunkelheit. Wichtig: Immer auf der ruhigen, nördlichen Seite des Hafens und bei ablaufendem oder auflaufendem Wasser fischen. Im Sommer gibt´s hier fette Meeräschen. Ein Versuch mit der Fliege kann sich dann lohnen, wenn die Fische aktiv sind und an den Spundbohlen entlangziehen. Außerhalb des Hafens kann gerade das Fischen auf Platte äußerst lohnend sein. Dorsche kommen nicht vor. Hier kann unabhängig vom Wind gefischt werden. In Husum benötigst du leichteres Gerät, was auch mehr Freude bereitet. Ruten mit 60 bis 80 Gramm Wurfgewicht und Bleie bis 80 Gramm reichen meist aus.

Garnelen sind an der Nordsee ein fängiger Köder. Foto: www.der-angler.de

St.Peter / Vollerwiek

Hier stehen lange Märsche vor dem Erreichen der guten Plätze. Aber es kann sich lohnen. Denn vor St. Peter und Vollerwiek fressen Plattfisch und Aal bei auflaufendem Wasser. Auch hier gelten Frühsommer und Frühherbst als beste Zeiten. Mit Glück kannst du hier etwa ab Mitte Mai ebenfalls Hornhechte fangen. Im Herbst und Winter lassen sich gelegentlich Dorsche blicken. Wattwürmer und Garnelen bilden die fängigsten Köder. Brandungsruten mit 3,90 bis 4,20 Meter Länge und Krallen-Bleie von 125 bis 200 Gramm sind angesagt, um auf die nötige Weite zu kommen und die Montagen am Fisch zu halten. An diesen Plätzen ist auflaufendes Wasser absolute Pflicht. Bei starkem Nordwest-Wind sollte eher bei Vollerwiek gefischt werden, um St. Peter ist die Brandung dann meist zu stark. Bei starkem Südwest-Wind kann es jedoch an beiden Plätzen schwierig werden.

Ab Mai lassen sich in der Nordsee auch Hornhechte fangen.
Foto: www.der-angler.de

Bei St. Peter gibt's Plattfisch und Aal.

Eidermündung / Tönning

Am Eidersperrwerk strömt viel brackiges Wasser aus der Eider in die Nordsee, hier Außen-Eider genannt. Direkt am Sperrwerk kann nicht gefischt werden. Etwas abseits der Sperrwerks-Tore und in Richtung Tönning bessern sich die Bedingungen. Hier geht es von April bis Oktober recht erfolgreich auf Plattfisch, Aal, Hering und sogar Barsch. Neben Wattwürmern, kleinen Fischfetzen und Garnelen fangen hier übrigens auch Tauwürmer. Bei Tönning kann es außerdem mit den Meerforellen klappen. Die Spinnrute sollte also immer zum Gepäck gehören. Ansonsten kommt leichtes Brandungsgerät in Frage sowie Bleie bis 125 Gramm. In der Eidermündung lässt sich bei jedem Wind fischen. Nur muss das Wasser gerade auf- oder ablaufen.

Das Eider-Sperrwerk.

An der Eider bei Tönning.

Büsum Hafen

Kaum jemand fischt in Büsum – weshalb auch immer. Fakt ist, dass sich hier neben strammen Sommer-Aalen auch gute Plattfische und sogar Makrelen, Hornhechte sowie Dorsche (Herbst/Winter) fangen lassen. Hier an der Außen-Eider finden die Fische viel Nahrung. Wattwürmer und Garnelen bilden ideale Köder. Im Hafen und von den Molen aus genügt leichteres Gerät mit Ruten bis 3,60 Meter Länge und etwa 120 Gramm Wurfgewicht. Die Grund-Montagen werden mit 80 bis120 Gramm ausgebleit.

An den Außenmolen des Büsumer Hafens lässt sich einiges fangen.

Meldorf Hafen / Miele-Mündung

Das ist ein guter Platz. Besonders vor der Schleuse und zwischen den langen Steinmolen kann bei auflaufendem Wasser mit guten Fängen gerechnet werden. Hier gehen von Mai bis Oktober vor allem Plattfische an den Haken, auch in guten Größen. Ab Mai/Juni bis in den Oktober hinein können sich Versuche auf Aal mit Watt- und Tauwurm sowie Muschelfleisch und Garnelen am leichten Brandungs-Gerät lohnen – vor allem bei Dunkelheit. Auch Hornhechte kommen zu dieser Zeit an die Küste und damit nach Meldorf. Ihnen kannst du mit kleinen, schlanken Blinkern und Fetzen-Ködern an der Pose erfolgreich nachstellen. Besonders dann, wenn der Westwind auf die Küste steht.

In den letzten Jahren begriffen einige Angler, dass auch in der Nordsee Meerforellen vorkommen. Die Miele-Mündung bildet eine gute Stelle, um von Mai bis August auf die Salmoniden zu fischen. Mit der Spinnrute, typischen Küsten-Blinkern, viel Ausdauer und Glück kannst du hier Erfolg haben.

Der Meldorfer Hafen lockt mit Aal, Plattfisch und Meerforelle.

Elbe von Brunsbüttel bis Hamburg

Mündung

Im Bereich der Elb-Mündung herrscht salziges Wasser vor. Die Gezeiten haben dort einen starken Einfluss. Der Grund ist meistens schlickig Meistens gehen hier Aale und Plattfische an den Haken. Mai/Juni und September/Oktober gelten auch an der Elb-Mündung als die besten Monate, Wattwurm, Tauwurm und Garnele als die fängigsten Köder. Im Frühjahr sind auch die in die Elbe ziehenden Stinte ein Top-Köder auf Aal und Zander. Im Frühsommer sind kleine Wollhandkrabben (und Krabbenfleisch) als Aal-Köder absolut unschlagbar, vor allem in der Elb-Mündung. Im Herbst und Winter kommen gelegentlich auch Dorsch und Wittling in Landnähe.

Um an den Fisch zu kommen, ist schon eher Weitwurf-Gerät angesagt. Kräftige Brandungsruten von 4,20 Metern Länge mit einem Wurfgewicht bis etwa 250 Gramm sind also genau richtig. Aufgrund der recht starken Strömung benötigst du außerdem Krallenbleie mit 150 bis 200 Gramm.

Ein guter Platz befindet sich in der Bucht beim Sösmenhusener Leuchtturm. Lohnenswert ist außerdem der Bereich bei Brunsbüttel. Hier mündet auch der Nord-Ostsee-Kanal in die Elbe. Von Molen aus kann hier gut gefangen werden. Ab Mai/Juni gibt es Plattfisch und den Sommer hindurch beißt der Aal. Am Eingang zum Nord-Ostsee-Kanal lassen sich vereinzelt auch Zander fangen.

Abendstimmung am Unterlauf der Elbe. Foto: www.der-angler.de

Elbaufwärts

Weiter Elbaufwärts wird das Wasser brackiger, also süßer. Aber auch hier herrschen Ebbe und Flut, es findet eine starke Vermischung mit salzigem Nordsee-Wasser statt. Neben Aal und Plattfisch kommen in diesem Bereich der Elbe trotz salzhaltigen Wassers auch Fischarten wie etwa Zander, Barsch, Brassen und Güster vor. Hier ist kein Brandungs-Gerät notwendig. Normale Grund- und Feederruten reichen meist völlig aus.

Auch bei den Bleien muss nicht ganz so schwer aufgefahren werden – 60 bis 80 Gramm genügen oft schon. Nur für das Fischen im Hauptstrom machen Brandungsruten und schwerere Gewichte Sinn. Watt -und Tauwürmer fangen hier meist gleich gut, es können sich jedoch ebenfalls Versuche mit Muschelfleisch, Garnelen oder den schon erwähnten Wollhandkrabben lohnen. Auch mit der Spinnrute lassen sich hier verschiedene Fischarten fangen, meistens Zander und Barsch.

Ein optisch sehr gewöhnungsbedürftiger Hot-Spot an der Unterelbe ist der Kraftwerks-Bereich bei Brokdorf auf dem nördlichen Elbufer. Das Kühlwasser des Kraftwerks fließt hier angewärmt in die Elbe zurück. Brokdorf stellt deshalb auch im Winter einen Fisch-Magnet dar. Hier kommen teilweise schon Süßwasser-Fischarten wie Zander, Brassen, Rapfen und Barsche vor, Aale und Plattfische kommen hinzu. Mit viel Glück lassen sich auch Meerforellen fangen.

Gegenüber auf der südlichen Elbseite mündet die **Oste** in die Elbe. Für sie gelten die gleichen Bedingungen. Auch hier sind zahlreiche Süßwasser-Fischarten vertreten, auch Meerforellen werden immer wieder gefangen. Für das Fischen in der Oste-Mündung reicht der Fischereischein. Weiter flussaufwärts ist die Oste Pachtgewässer. Zusätzlich zum Fischereischein benötigst du hier einen Erlaubnisschein. Es gibt ihn beim Hotel Fährkrug, Deichstr. 1, in 21756 Osten, Telefon (04771) 23 38.

An der Oste-Mündung werden auch solche prallen Meerforellen gefangen.

Ein guter Platz ist die Basbecker Schleuse. Hier werden immer wieder kapitale Zander gefangen. Vor allem im Frühsommer lohnt es sich, gezielt auf die stacheligen Gesellen zu fischen. Kleine Fische wie Stinte oder Fetzen von Weißfischen fangen dann neben Twistern und Gummifischen besonders gut.
An der Oste hast du immer gute Chancen auf schöne Meerforellen. Sie lassen sich am besten mit Spinnern fangen. Auch Fliegenfischer können erfolgreich sein. Am fängigsten sind dabei Tubenfliegen und Streamer. Und immer dran denken: Angefärbte Fische werden zurückgesetzt.

Die Mündung der **Stör** und der Bereich bis Itzehoe ist ebenfalls tideabhängig. Dort findest du im Sommer ein sehr gutes Aal-Revier. Im Tidebereich der Stör werden im Frühjahr außerdem dicke Barsche gefangen. Mit sehr viel Glück kann auch der Fang von Meerforellen und sogar Lachsen gelingen, vor allem im Mai/Juni und September/Oktober.

Bestens kommen Angler mit Grund- und Feederruten sowie Gewichten von 60 bis 80 Gramm zurecht. Als Köder empfehlen sich Tauwürmer, Wattwürmer, Krabben- und Muschelfleisch. Auch die Spinnrute kann zum Einsatz kommen. Kleine Spinner der Größen 1 bis 3, Twister und Gummifische fangen erfahrungsgemäß am besten. Zum Fischen im unteren Bereich der Stör genügt übrigens der Fischereischein.

Die Elbe lockt mit schönen Flundern. Foto: www.der-angler.de

An den Mündungen von **Krückau** und **Pinnau** in die Elbe herrschen ebenfalls Ebbe und Flut. Hier ist der Aal der Hauptfisch. Weiter flussauf sind dann auch andere Fischarten wie Hecht, Zander, Barsch, Rapfen und diverse Weißfisch-Arten zuhause, sogar Meerforellen und Lachse kommen vor. Auch hier genügt im unteren Bereich der Fischereischein.

Weiter flussaufwärts, auf der südlichen Seite,

mündet die **Este** in die Elbe. Aale und auch Zander lassen sich hier ab Juni fangen. Fängigste Köder für dicke Aale sind kleine Köderfische und Fischfetzen. Auch Zander stehen auf diese Köder. Sie gehen außerdem gerne auf Twister und Gummifische. Immer wieder werden an der Este auch Meerforellen mit der Spinnrute gefangen. Am Mündungsbereich der Este ist jedoch ein zusätzlicher Erlaubnisschein erforderlich.

Die Mündung der Este bei Estebrügge

Die Elbe wird für Angler vor allem ab dem **Hamburger Hafen** interessant. Auch wenn es nicht so aussieht, so wimmelt es in den vielen Hafenbecken und Seitenkanälen vor Fischen. Vor allem Aal, Zander und Rapfen kommen häufig vor und können ab Mai/Juni erfolgreich befischt werden. Die Zander stehen oft direkt vor den Kai-Mauern und unter Pontons. An den Schleusen und Kühlwasser-Ausläufen rauben im Sommer die Rapfen. Auch für Friedfisch-Fans hat der Hafen jetzt einiges zu bieten. Dicke Brassen, Alande und sogar Karpfen werden hier gefangen. Im Hauptstrom kannst du von Oktober bis Dezember dicke Flundern fangen.

Der Hamburger Hafen ist ein gutes Zander-Revier. Foto: www.der-angler.de

Bester Köder auf die Platten ist der Wattwurm, Feeder- und Brandungsruten erwiesen sich als ideales Gerät. Bei den Naturködern ist der Tauwurm erste Wahl, vor allem für Aal. Auf Räuber bewährten sich über Grund gezupft Twister und kleine, schlanke Gummifische. Die verschiedenen Friedfisch-Arten lassen sich mit Feederrute, Futterkorb und Maden fangen.

In der Elbe bei Hamburg lassen sich vor allem beim Nachtfischen schöne Karpfen fangen. Foto: www.der-angler.de

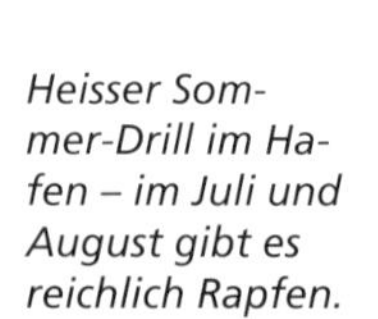

Heisser Sommer-Drill im Hafen – im Juli und August gibt es reichlich Rapfen.

Als beste Zeit gilt auch im Hafen auflaufendes Wasser, wenn es steht und wenn es langsam wieder abläuft. Vor allem beim Zanderfischen verschieben sich die Beiß-Zeiten aber immer wieder.

Der Hamburger Hafen gilt als Küstengewässer, deshalb benötigst du hier auch nur den Fischereischein. Weiter flussaufwärts ist die Elbe jedoch Verbandsgewässer.

Fisch-Schutz

Zu Fischschonbezirken für die Zeit vom 1. August bis zum 31. Oktober wurden folgende Teile der Nordseeküstengewässer erklärt, die in folgenden Bereichen liegen:

- An der **Mündung der Krückau** in einem Radius von 500 Metern um die grüne Leuchtbake
- Um die Spitze der nördlichen Mole des **Pinnau-Sperrwerkes** in einem Radius von 500 Meter
- In der **Stör** im Bereich von 500 Metern oberhalb des **Sperrwerkes bis zur Mündung**
- In der **Elbe** im Bereich zwischen Ufer und Fahrwasser von 500 Metern unterhalb bis 500 Metern oberhalb der **Störmündung**
- Innerhalb der Hafenmolen von **Schlüttsiel, Holmersiel** (Hafen) und **Mielesiel** (ganzjährig)

Cuxhaven

Die Elbmündung bei Cuxhaven lohnt immer einen Besuch. Hier kann vom Ufer aus in bis zu 15 Meter tiefem Wasser gefischt werden. Im Sommer und Herbst kannst du in und um Cuxhaven dicke Aale und Plattfische fangen. Wattwürmer, Herings-und Stint-Fetzen sowie Garnelen ergeben die besten Köder. Im Winter, meist ab Dezember, gibt es in Cuxhaven auch Dorsche, teilweise in guten Größen. Vereinzelt lassen sich dann zudem Wittlinge fangen. An den unten genannten Plätzen ist meist Brandungs-Gerät angesagt: Ruten von 3,90 bis 4,20 Meter Länge mit einem Wurfgewicht bis 300 Gramm sowie 150 bis 250 Gramm schwere (Krallen-)Bleie.

Im Sommer ist die Elbmündung ein gutes Revier für den Fang von leckeren Plattfischen.
Foto: www.der-angler.de

An der Elbmündung bei **Altenbruch** und **Groden** ist das Wasser nicht ganz so tief. In den Sommer-Monaten kommen jedoch reichlich Aale und Plattfische vor. Bei auflaufendem Wasser kann der Eimer hier schnell voll sein.

In **Steubenhöft** und an der **Kugelbake** ist das Wasser wesentlich tiefer – teilweise bis zu 15 Meter. Ab Mai/Juni gibt es Aale und Plattfische. Von Dezember bis Februar gehen an diesen Plätzen auch dicke Dorsche an den Haken. Bei auflandigem Wind und auflaufendem Wasser erweisen sich die Bedingungen hier als besonders gut.

Weser-Mündung bei Bremerhaven

Bei Imsum und **Weddewarden** an der Weser-Mündung musst du wandern, um an den Fisch zu kommen. Doch die Mühe lohnt sich. Denn an beiden Plätzen lassen sich zu den jeweiligen Zeiten Aale, Plattfische, Dorsche, Wittlinge und sogar Seezungen fangen. Normales Brandungs-Gerät genügt. Als Faustregel für die beste Zeit gilt auch hier, zwei bis drei Stunden vor dem Hochwasser mit dem Fischen zu beginnen und etwa zwei Stunden nach Höchststand aufzuhören.

Mitten in **Bremerhaven** gibt es zwei gute Plätze. An der **Inselstraße** sowie an der **Weserfähre** kann der Angler direkt in der Fahrrinne auf Plattfisch und Aal fischen. Da weite Würfe hier nicht unbedingt nötig sind, reichen oft schon normale Grund-und Feederruten, um an den Fisch zu kommen.

An der Mündung der Weser lassen sich im Sommer schöne Aale überlisten.
Foto: www.der-angler.de

Auf der westlichen Seite locken **Blexerdeich** und **Fedderwarderdeich** mit schuppiger Beute. Plattfische und Aale sind hier im Sommer am häufigsten, im Winter kommen auch Dorsche dicht unter Land, vor allem in Fedderwarderdeich. Hier werden ab Mai/Juni auch Hornhechte auf Blinker und Fetzen-Köder gefangen.

Aufgrund der starken Gezeiten-Strömung sind kräftige Brandungsruten und Bleie bis 150 Gramm nötig, um die mit Wattwurm, Tauwurm, Garnelen, Krabben-Stücken oder Fischfetzen beköderten Montagen an den Platz zu bekommen und dort zu halten. Wichtig: Immer bei auflaufendem Wasser fischen.

Ähnlich wie die Elbe wandelt sich die **Weser** weiter flussaufwärts zum Brackwasser-Revier. Neben Aalen und Plattfischen kommen auch vermehrt Süßwasserfische wie Zander, Barsche, Hechte, Karpfen, Schleien, Weissfische und sogar Welse vor. Beim Spinnfischen im Frühjahr und Herbst werden auch immer wieder Meerforellen und Lachse gefangen. Auch hier sollten angefärbte, dunkle Fische unbedingt zurückgesetzt werden. Besonders an den Zuflüssen und um den Fähranleger Schmalenfleth herum werden im Sommer oft gewichtige Raubaale auf Tauwurm, Fetzen und kleine Köderfische gefangen. Aber auch Zander rauben in der Weser – einen guten Platz zum Fang der Stachelritter findest Du bei an den Bach-Einläufen bei Elsfleth-Lienen.

Kleine, tote Köderfische und Gummiköder fangen auch hier am besten. Friedfische werden reichlich gefangen. Beim Grundfischen gehen mitunter starke Brassen an Grund- und Feederruten.

Auch für Friedfisch-Freunde hält die Weser einiges bereit. Hier ist es ein Brassen.
Foto: www.der-angler.de

Für die untere Weser von Bremerhaven bis Bremen benötigst du einen zusätzlichen Erlaubnisschein. Es gibt ihn beim Staatlichen Fischereiamt Bremerhaven, Fischkai 31, 27572 Bremerhaven. (0471-97 25 40).

Jade-Mündung bei Wilhelmshaven

Auch an der Jade kann erfolgreich gefischt werden. Die Molen bei **Eckwarderhörne** ermöglichen ein gutes Plattfisch- und Aalangeln, vor allem im Sommer. Ab Juli lassen sich hier von Land aus auch Makrelen fangen. Im Herbst kommen wieder die Plattfische, ab Dezember dann auch Dorsch und Wittling. Hier muss nicht weit geworfen werden, normales Brandungsgerät reicht absolut aus.

Am Jadebusen bei Varel münden mehrere Fließgewässer. Die **Jade**, die **Wape** und die **Dangaster Leke** verfügen über gute Bestände an Aalen, Zandern, Hechten, Barschen, Karpfen, Schleien und Weißfischen. Sie bieten günstige Möglichkeiten zum Grund-, Spinn- und Posenfischen. Es genügt normales Gerät, wie es auch im Binnenland Verwendung findet.

Auf Tauwurm (-bündel) werden hier hauptsächlich Barsche und Aale gefangen, letztere auch oft beim Pöddern im flachen Uferwasser (siehe Foto). Maden, Rotwürmer, Mais und Boilies bringen Erfolge auf Karpfen, Schleie und Weißfisch, Zander und Hecht gehen gern auf tote Köderfische, Gummiköder, Wobbler und Spinner.

An den genannten Gewässern sind zusätzliche Erlaubnisscheine nötig. Diese erhältst Du bei Zoo und Angelgeräte Varel, Neumühlenstr. 26, in 26316 Varel (Telefon 04451-33 80)

Beim Pöddern in Gräben und flachen Fließgewässern werden meist kleinere Aale gefangen Foto: www.der-angler.de

Wilhelmshaven

Rund um Wilhemshaven findest Du zahlreiche Plätze, an denen sich erfolgreich auf viele verschiedene Fischarten fischen lässt, oft in tiefem Wasser. Die Brücken und Molen in und um Wilhelmshaven sind bekannt für ihre großen Dorsche und gehören zweifellos zu den besten Plätzen an der deutschen Nordseeküste.

Ölhafen-Brücken

Vom Strand und von den Steinpackungen aus kann hier gut gefischt werden, allerdings sind weite Würfe um die 100 Meter erforderlich. Von Oktober bis März gelingen hier oft gute Dorsch-, Wittlings- und Plattfisch-Fänge. Ab Mai lohnt sich das Brandungsfischen auf Aal. Der Ölhafen gilt außerdem als einer der besten Seezungen-Plätze an der deutschen Nordseeküste. Hier ist Weitwurf-Gerät angesagt – lange, kräftige Ruten, Schlag-/Keulenschnüre und Krallen-Bleie mit Gewichten bis 200 Gramm müssen schon sein. Auch ein Dreibein ist Pflicht.

Im Ölhafen sind Wattwürmer und Herings-Fetzen am fängigsten, im Sommer lohnen sich oft auch Versuche mit Krabbenfleisch und Garnelen.

Helgoland-Mole, Aussen-Molen

An der Spitze der endlos scheinenden Helgoland-Mole befindet sich ein absoluter Spitzen-Platz, an dem immer gut gefangen wird – das ganze Jahr über, vom Aal bis zum Wolfsbarsch. Hier ist das Wasser teilweise sieben bis acht Meter tief, im Winter-Halbjahr lassen sich deshalb mitunter gute Dorsche und Wittlinge fangen. Plattfische werden hier ganzjährig erfolgreich befischt. Im Sommer gehen auch leckere Seezungen und gelegentlich sogar räuberische Wolfsbarsche an den Haken. Sommer-Zeit ist Aal-Zeit – auch an den Wilhelmshavener Molen. Hier werden regelmäßig gute Exemplare zwischen zwei und vier Pfund gefangen, vor allem auf Fetzen-Köder. An den Molen genügt in der Regel leichteres Brandungsgerät, das aber auch mit Bleien bis 150 Gramm zurecht kommen muss. Dreibein-Rutenhalter sind auch hier unentbehrlich.

Hooksiel / Hooksieler Tief

Im Sommer ist es immer gut für Plattfisch und Aal satt – Hooksiel, nördlich von Wilhelmshaven gelegen. Von Juni bis September gehen gelegentlich auch Meeräschen und Wolfsbarsche an den Haken. Ab Oktober/November beginnt die Zeit der Dorsche, die hier teilweise in guten Gewichten bis sechs, acht Pfund vorkommen. Im Winter werden in Hooksiel auch schöne Seezungen gefangen.

Wie an der gesamten Nordseeküste, so ist es auch hier immer wichtig, genau auf die Gezeiten zu achten. Die beste Zeit zum Fischen erstreckt sich über die zwei, drei Stunden vor und nach dem höchstem Wasserstand.

Gerät und Bleie müssen hier aufgrund der zeitweise sehr starken Strömung etwas schwerer ausfallen. Mit Krallenbleie bis 200 Gramm und entsprechend kräftigen Ruten bringst du die Montagen auf Weite. Zudem benötigst du ein Dreibein. Als Köder empfehlen sich Wattwürmer, Fetzen-Köder, Krabben und Garnelen.

Der Ems-Jade-Kanal (Wilhelmshaven bis Emden)

Um es gleich vorweg zu nehmen: Der fast 50 Kilometer lange Ems-Jade-Kanal ist ein ausgezeichnetes Zander-Revier. Immer wieder werden hier kapitale Exemplare gelandet, vor allem im Juni und September/Oktober. Mit kleinen, toten Köderfischen, weißen Twistern und Gummifischen gelingen oft gute Fänge – vorausgesetzt, die Köder werden in Grundnähe angeboten. Der Kanal bietet auf seiner ganzen Länge Möglichkeiten zum Zander-Fang, bei **Marcaardsmoor** und an der Kanal-Brücke nahe Aurich bestehen allerdings besonders gute Chancen.

Im Ems-Jade-Kanal werden jedes Jahr kapitale Zander gefangen. Foto: www.der-angler.de

Im östlichen Teil des Kanals bei **Reepsholt** werden, ebenfalls auf toten Köderfisch, vereinzelt auch Welse gefangen. Ansonsten dominieren eher Aale, Karpfen, Schleien und Weißfische. Neben den Zandern gehen dir beim Spinnfischen auch Hechte und Barsche an Blinker, Spinner, Wobbler, (weiße) Twister und Gummifische. Beste Zeiten hierfür sind Mai/Juni und September/Oktober. Die verschiedenen Friedfisch-Arten werden vom April bis in den Oktober hinein beangelt.

Am Ems-Jade-Kanal kommt gewöhnliches Süßwasser-Gerät zum Einsatz. Wer mag, kann hier sogar erfolgreich dem Match-und Stippfischen nachgehen. Kurz: der Ems-Jade-Kanal bietet viele Möglichkeiten und gute Fang-Aussichten.

Erlaubnisscheine für den Bereich von Emden bis Wiesmoor werden von folgenden Stellen ausgegeben:
- Angelshop Tholen, Am Pferdemarkt 3, 26603 Aurich (04941-93 90 50)
- Oldenburger Angelcenter, Damm 32, 26135 Oldenburg
- Hagebau-Märkte in Aurich, Wittmund und Leer.

Für das Fischen im Bereich von Wiesmoor bis Wilhelmshaven benötigst du ebenfalls einen zusätzlichen Erlaubnisschein. Es gibt ihn bei:
- Angelshop Uwe Halm, Menkestr. 38 a, 26419 Schortens (04461-8 17 55)
- Samen-Römer, Göker Str. 86, 26384 Wilhelmshaven (04421-3 11 20)

Die Ostfriesischen Inseln

Die ostfiesischen Inseln locken mit langen Stränden.

Die Inseln **Wangerooge, Spiekeroog, Langeoog, Baltrum, Norderney, Juist** und **Borkum** bieten vor allem in den Häfen gute Möglichkeiten zum Fang von Aalen und Plattfischen. Die beste Zeit hierfür liegt zwischen Mai und Oktober. Fängige Köder sind dann Wattwürmer, Garnelen, Krabben und Muschelfleisch. In diesen Monaten tauchen auch immer wieder größere Wolfsbarsch-Gruppen und sogar Makrelen vor den Inseln auf, die sich dann mit kleinen Blinkern oder mit der Posenangel (und Fetzen-Köder) befischen lassen. Auch Meeräschen kommen in den Sommermonaten um die Inseln herum vor, hauptsächlich in den Häfen. Sie sind jedoch äußerst launisch und überdies schwer zu fangen. Mit Stipprute (Made) oder Fliegenrute (Nymphe) kann es klappen. In den Herbst-und Wintermonaten kannst du von den Inseln aus auf Dorsch, Plattfisch und Wittling angeln. Beste Köder sind dann Wattwürmer und Fetzen-Köder vom Hering.

Wird in den Häfen gefischt, genügt meist leichtes Brandungsgerät. Kräftige Grund- und Feederrutem erfüllen ebenfalls den Zweck. Beim Brandungsfischen vom Strand aus solltest du allerdings mit gut abgestimmtem Weitwurfgerät ausgerüstet sein. Denn meist sind hier Würfe über 100 Meter notwendig.

Im Sommer lassen sich in den Häfen der Inseln neben Wolfsbarschen auch kämpferische Makrelen fangen

Auf dem Festland

Anglerisch interessant sind auch die Häfen und Siele am Festland. Dort können ebenfalls gute Aal-und Plattfisch-Fänge glücken. Bei **Horumersiel**, nahe Schillig, lassen sich von Mai bis September an der Ost-Mole schöne Aale und Plattfische auf Wattwurm. Krabben und Garnelen fangen. Im Herbst beginnt hier die Dorsch-Zeit, bester Köder sind dann Watt-und Seeringelwürmer sowie Fetzen-Köder vom Hering. Vereinzelt werden im kalten Wasser aber immer noch Plattfische gefangen. Allerdings meist in kleineren Größen als im Sommer. Obwohl hier meist von der Mole aus gefischt wird, sind lange Ruten von Vorteil. Deine Bleie sollten hier etwa 100 bis 125 Gramm wiegen.

Weiter westlich, an der Mega-Mole von **Carolinensiel**, ist ebenfalls erfolgreiches Fischen auf Aal, Plattfisch und Dorsch möglich. Hier am Harlesiel kommen im Sommer gelegentlich auch Meeräsche und Hornhecht in Ufernähe. Letztere lassen sich besonders gut mit kleinen, schlanken Blinkern und Fetzen-Ködern an der Posenangel überlisten. Beim Fischen von der Mole genügt leichtes Gerät. Drei bis vier Meter lange Ruten mit einem Wurfgewicht von 80 bis 100 Gramm und ebenso schwere Bleie sind hier genau richtig. Watt-und Seeringelwürmer, Garnelen, Krabben und Herings-Fetzen sind auch hier die idealen Köder.

Kleine, tote Köderfische fangen in der Harle dicke Zander. Foto: www.der-angler.de

Ganz in der Nähe mündet die **Harle**. Von Aal bis Zander sind hier zahlreiche Süßwasser-Fischarten vertreten – sogar Forellen. Begehrtester Fisch ist jedoch eindeutig der Zander. Er wird hier von Juni bis Oktober regelmäßig gefangen. Kleine, tote Köderfische und (helle) Twister sind hier am fängigsten. Ein Top-Platz, zur richtigen Zeit, immer für große Zander gut, ist die Schleuse bei Carolinensiel.

Auch Hecht und Barsch rauben hier. Sie lassen sich am besten mit der Spinnrute und gängigen Kunstködern befischen. Die Karpfen, Schleien und Weißfische lohnen ebenfalls ein gezieltes Fischen. An der Harle eher wird leichtes Gerät benötigt – Matchruten, leichte Grundruten, Bleie bis maximal 40 Gramm.

Auch das **Altharlinger Tief** lädt zu erfolgreichem Fischen auf Aal, Barsch, Hecht, Karpfen und diverse Weißfisch-Arten ein. Beim Aalfischen mit Tauwurm werden hier gelegentlich größere Karpfen gefangen. Leichtes Grund- und Spinngerät reicht vollkommen aus. An Harle und Altharlinger Tief wird ein zusätzlicher Erlaubnisschein benötigt. Dieser ist erhältlich bei

- Samen Römer, Göker Str. 86, 26384 Wilhelmshaven (04421-3 11 20)
- Angelcenter Uwe Halm, Menkestr. 38 a, 26419 Schortens (04461-8 17 55)

In **Neuharlingersiel** kann von der Spitze der Südmole aus erfolgreich auf Aal, Plattfisch (Sommer), Dorsch und Wittling (Herbst/Winter) gefischt werden. Im Sommer kommen gelegentlich Makrelen und Hornhechte dicht unter Land, die sich beim Spinn- und Posenfischen fangen lassen. Etwa vier Meter lange Ruten sind ideal. Ein Dreibein hilft dabei, sie sicher abzustellen. Fängige Köder sind auch hier Watt-und Seeringelwurm, Garnelen, Krabben und Herings-Fetzen.

An den langen Dämmen in **Bensersiel** kannst du von Mai bis September zahlreiche Fischarten befischen. Im Frühsommer kommen die Hornhechte – oft auch nach Bensersiel. Später, etwa ab Juli, kommen auch hier die Makrelen dicht unter Land. Mit kleinen Blinkern und Fetzen an der Posenangel können dann gute Fänge glücken.

Norder Tief

In der Nähe des Ortes Norden mündet das Norder Tief in die Nordsee. Dieses kleine, aber feine Gewässer bietet gute Möglichkeiten zum Fang von Aalen, Barschen, Zandern, Hechten, Karpfen, Schleien und Weißfischen. Auch von Meerforellen-Fängen wurde schon berichtet. Saison ist hier von April bis Oktober. Im Sommer kann das Fischen bei Dunkelheit gute Aal-und Karpfen-Fänge bescheren, vor allem, wenn Tauwürmer angeködert werden.

Das Norder Tief ist immer gut für schöne Barsche. Kleine, helle Twister und Tauwürmer fangen hier am besten.
Foto: www.der-angler.de

Auf Raubfische geht es im Norder Tief meist mit der Spinnrute. Ideal hierfür sind Blinker (Effzett), Schwimm-Wobbler, Gummifische, (weiße) Twister und Vibrax-Spinner. Die Zander des Tiefs lassen sich jedoch ebenfalls mit totem Köderfisch am Grund fangen. Beim Fischen auf Karpfen und Schleie finden hier meist Köder wie Mais, Rotwurm oder Teig Verwendung. Hier benötigst du kein Küsten-Gerät - normales, im Süßwasser übliches Gerät reicht völlig aus.

Erlaubnisscheine für das Norder Tief bekommst du bei

- Angelshop Thielen, Am Pferdemarkt 3, 26603 Aurich (04941-93 00 50)
- Oldenburger Angelcenter, Damm 32, 26135 Oldenburg
- Samen Römer, Göker Str. 86, 26384 Wilhelmshaven (04421-3 112 0)
- Jansen & Kruse, Petkumer Str. 209, 26725 Emden (04921-9 58 10)

Ems-Mündung, Emden

Aale, Plattfische (unter anderem Seezungen), Dorsche, Wittlinge und gelegentlich sogar Wolfsbarsche – die Ems-Mündung ist ein ergiebiges Revier, das allerdings stark von den Gezeiten beherrscht wird. Die beste Zeit zum Fischen liegt auch hier in dem Zeitraum zwei, drei Stunden vor und nach dem Höchststand.

An der Ems-Mündung ist das Wasser tief und strömungsreich. Deshalb sind teilweise Krallenbleie bis 150 Gramm samt entsprechend starken Brandungs-Ruten notwendig. Als gute Köder gelten hier Wattwürmer, Garnelen, Krabben, Fetzen-Köder und kleine (!), halbierte Fische wie Stinte und Heringe.

Molen und Anleger – auch an der Ems-Mündung gelten sie als gute Plätze zum Fischen auf Aal und Plattfisch.

In der Gegend um Emden findest du mehrere gute Plätze zum Fischen auf Aal (Juni bis Oktober), Plattfisch (Mai bis Dezember), Dorsch und Wittling (Oktober bis März). Neben den erwähnten Fischarten kommen im Winter auch gelegentlich Seezungen an diesen Platz. Die beste Zeit reicht hier von Oktober bis November – dann ist der Eimer oft schnell voll mit Plattfisch und Dorsch, aber auch Aale gehen dann noch an den Haken.

Als Angelplatz eignet sich als erstes die **Emder Landemole**. Von hier aus ist es recht leicht, tiefes Wasser anzuwerfen. Meist reichen Würfe um die 60 Meter. Mit normalem Molen-Gerät liegst du hier genau richtig. Grund- und Feederruten mit Wurfgewichten von 80 bis 100 Gramm und gleich schwere Birnenbleie eignen sich deshalb am besten.

Watt-und Seeringelwurm, Garnelen, Krabben, Muschelfleisch und Fetzen – diese Köder fangen hier, wie auch am Emder **Schöpfwerk** bei Wybelsum und an der **Knock** (Leuchtturm). Hier gibt es meist Aale und Plattfische. Die beste Zeit für beide Arten liegt zwischen Mai und Oktober, wiederum bei auflaufendem Wasser. Im Sommer kommen gelegentlich Wolfsbarsche und Meeräschen vor, Dorsche lassen sich vereinzelt zwischen Oktober und März blicken.

Da an diesen Plätzen meist eine starke Gezeitenströmung entlang zieht, sind Krallenbleie bis 150 Gramm notwendig. Verwende also kräftige Brandungs- oder Feederruten, auch wenn hier meist nicht weit geworfen werden muss.

Mitten in Emden kannst du an verschiedenen Plätzen erfolgreich auf Aal, Plattfisch, Dorsch und Wittling angeln. Zeitweise gelingen hier sehr gute Fänge. Die **Ostmole**, die **Mittelmole** sowie die **Seeschleuse** gelten als besonders ergiebige Plätze.

Der Emder Hafen ist immer gut für dicke Zander. Tief geführte Wobbler gehören zu den fängigen Ködern.
Foto: www.der-angler.de

Im **Hafen** von Emden wird ein zusätzlicher Erlaubnisschein benötigt (Ausgabestellen siehe Norder Tief). Doch der lohnt sich allemal. Denn in diesem Bereich werden in der Zeit von März bis Oktober Aale, Hechte, Zander, Karpfen, Schleien, Barsche, Weißfische und Meeräschen gefangen. Auch Meerforellen gibt es gelegentlich beim Spinnfischen, sind aber eher die Ausnahme.

Im Emder Hafen werden immer wieder große Zander gefangen, die mit Vorliebe tote Köderfische, schlanke Sink-Wobbler und helle Twister nehmen. Beste Fang-Monate sind Juni/Juli und Oktober/November. Auf Wattwurm, Fetzen-Köder und kleine Köderfische wie Stinte beißen in den Sommermonaten auch dicke Hafen-Aale. Die ebenfalls vorkommenden Karpfen lassen sich am besten mit Tau-und Rotwurm sowie mit Mais und kleinen Boilies überlisten. An den angebotenen Ködern vergreifen sich allerdings auch öfter mal dicke Brassen.

Im Emder Hafen wird leichtes bis mittleres Spinn- und Grundgerät benötigt, Feine Grund-Montagen und Bleie bis höchstens 40 oder 60 Gramm passen hier. Auch mit Futterkorb und Schwingspitze kannst du hier erfolgreich fischen.

Angeltechniken

Wer an der Küste und im Brackwasser an den Fisch kommen möchte, muss vielseitig sein und sich immer wieder auf neue und wechselnde Verhältnisse einstellen. Fast alle Angelarten des Süß- und Salzwassers finden hier ihren Platz und überschneiden sich manchmal sogar. Vor allem in den Flussmündungen und Boddengewässern vermischen sich die typischen Fischarten, die hier oftmals Ihr artenspezifisches oder -typisches Verhalten ändern. Deshalb du dich manchmal umstellen und die Taktik auf die jeweiligen Gegebenheiten ausrichten.

Brandungsfischen

Das Brandungsangeln zählt sicherlich zu den beliebtesten und erfolgreichsten Techniken an unseren Küsten. Beim Brandungsfischen wird gegen die Brandung gefischt, also gegen Wind und Wellen. Auch wenn sich die Küste zuweilen von ihrer ruhigen Seite zeigt, benötigst du in jeden Fall spezielle Ruten, Rollen, Schnüre und Montagen, um auf Weite zu kommen – der wichtigste Aspekt beim Brandungsfischen.

Das richtige Gerät und die passende Wurftechnik sind deshalb entscheidend. Vor allem beim klassischen Brandungsfischen vom Strand aus sind oft Würfe bis über 100 Meter Pflicht, um an den Fisch zu kommen. Einzig, wenn tiefes Wasser in Wurfweite liegt, oder ufernah auf Plattfisch und Aal gefischt wird, reichen mitunter auch 30 bis 40 Meter. Da es aber meist um weite Würfe gehen wird, solltest du den Überkopf- und Seitenwurf unbedingt beherrschen. Wichtig ist dabei auch die richtige Schnurlänge zwischen Blei und Rutenspitze vor dem Wurf. Nur wenn du die Brandungsrute optimal auflädst, glücken wirklich weite Würfe.

Die Bisserkennung beim Brandungsfischen ist simpel: Du steckst die Rute nach dem Auswerfen mehr oder weniger senkrecht in den Rutenhalter und spannst die Schnur. Bisse und gehakte Fische lassen sich am Ausschlagen der Rutenspitze erkennen.

Beim Brandungsfischen an Nord- und Ostsee kommen ausschließlich Naturköder wie Watt- und Seeringelwürmer, Fischfetzen, Muscheln, Krabben oder Garnelen zum Einsatz.

Wird es dunkel, kommen Dorsch, Plattfisch & Co. dicht an die Küste.

Stellen und Zeiten

Größte Bedeutung für erfolgreiches Brandungsangeln besitzt die Wahl des richtigen Angelplatzes und wann du dort fischst. Viele, voneinander abhängige, Faktoren spielen hier eine Rolle. Jahreszeit, Wind und Wetter schaffen an den verschiedenen Plätzen die unterschiedlichsten Voraussetzungen. Es ist immer sinnvoll, sich bei einem Gerätehändler vor Ort schon vorab darüber zu informieren, wo, wie und wann du erfolgreich fischen kannst. Solche Tipps sind oft Gold beziehungsweise Fisch wert.

Die Ostsee stellt für das Brandungsfischen eindeutig das bessere Revier dar, obwohl es auch viele Unentwegte gibt, die es immer wieder an die Nordsee zieht. Dort sind die guten Plätze jedoch rar und an die Gezeiten gebunden

An der Ostsee ist alles etwas einfacher. Fast jeder Küstenabschnitt taugt hier zum Brandungsfischen, Ebbe und Flut fallen weitgehend weg. Hier ist der Dorsch der Hauptfisch, gefolgt von den Plattfischen. Er lässt sich hier zu allen Jahreszeiten fangen. Sommergäste sind Hornhecht und Meeräsche.

In der Nordsee ist es umgekehrt. Hauptfische sind Aal, Flunder, Scholle und Kliesche. Deshalb fallen Gerät und Montagen meist auch etwas feiner und leichter aus. Andere Fischarten wie Dorsch und Wittling kommen fast ausschließlich in den Herbst- und Wintermonaten in Küstennähe. Auch Makrelen, Wolfsbarsche und Hornhechte halten sich nur zeitweise in der Nähe zur Küste und im Wattenmeer auf. Sie sind wiederum reine Sommergäste. Neben all diesen Unterschieden gibt es jedoch auch eine Gemeinsamkeit.

Küstenfische finden im ufernahen Bereich oftmals mehr Nahrung und steuern diese Zone deshalb gezielt an. Vor allem nach Einbruch der Dunkelheit wagen sich viele Fische nah unter Land, die sich am Tage eher in tieferem Wasser aufhalten. Hier im flachen, strandnahen, bis etwa fünf Meter tiefen Wasser leben weitaus mehr Kleintiere als weiter draußen.

Brandung und Strömung wirbeln den Grund und somit die Beutetiere auf – der Tisch für Dorsch, Plattfisch und andere Arten finden einen reich gedeckten Tisch. Auflandiger Wind und/oder auflaufendes Wasser (Flut) begünstigen diesen Effekt, so dass sich das Angeln dann oft schon bei Helligkeit lohnt.

Vor allem Plattfische lassen sich nach der Laichzeit (Mai/Juni) genauso tagsüber fangen. Auch an trüben, dunklen Tagen im Herbst, Winter und Frühjahr neigen Fische, wie der Dorsch, dazu, sich tagsüber zum Fressen in Ufernähe aufzuhalten. Allgemein bestehen allerdings bei Dämmerung und Dunkelheit (sowie auflaufendem Wasser) das ganze Jahr über die besten Fangchancen.

Auf der Suche nach dem richtigen Angelplatz kannst du dich bereits nach der Beschaffenheit des Ufers richten. An der Nordsee »riecht« es aufgrund des meist sandigen oder schlickigen Grundes eher nach Plattfisch und Aal. Allgemein muss hier bei Flut und in Bereichen geangelt werden, die auch

Wenn das keine schöne Strecke ist ...
Foto: www.der-angler.de

bei Ebbe nicht trocken fallen. Das ist an der deutschen Küste meist nur in der Nähe von Häfen, Sielen und Flussmündungen der Fall. Molen und Seebrücken ermöglichen es ebenfalls, mit der Brandungsrute tiefes Wasser zu erreichen. Gute Dorsch-Ecken mit tiefem Wasser und steinigem bis kiesigem Grund ohne Sandbänke finden sich eigentlich nur an der dänischen Küste.

Wer an der Ostsee Dorsche fangen möchte, sollte sich Plätze mit tiefem Wasser und Mischgrund (»Leopardengrund«) suchen. Tang, Muscheln und Steine am Strand weisen oft auf solche Verhältnisse hin. Besteht das Ufer aus Steilküste oder Kliff, könnte der Platz sich ebenfalls als fängig erweisen.

Sandstrand an der Nordsee – hier riecht es förmlich nach Plattfisch.

Auf sandig-kiesigem Grund fühlt sich neben dem Dorsch übrigens auch der Steinbutt sehr wohl. Angelst du von einem reinen Sandstrand aus, so ist von relativ flachem Wasser und sandigem Grund auszugehen. Hier sind hauptsächlich Plattfische zu erwarten, im Sommer auch Aale.

Eine wichtige Rolle spielen außerdem die Sandbänke, die manchmal mehrere hundert Meter vom Ufer entfernt verlaufen. Sie stellen oft eine Barriere zu der vor dem Ufer verlaufenden Rinne dar und werden von den Fischen, wenn überhaupt, erst mit Einbruch der Dämmerung überwunden. Nah am Ufer gelegene Sandbänke bereiten eigentlich keine Probleme, da du sie meist überwerfen kannst. Brechen sich an solchen Bänken die Wellen, findet sich hier oft hungrige Küstenfische ein.

An den Sandbänken brechen sich die Wellen – hier rauben Dorsch und Meerforelle.

An der Nordsee stellen die weit draußen gelegenen Bänke oft eine unüberwindbare Hürde dar und die Fische bleiben vom Ufer aus unerreichbar. Es gibt aber auch Stellen, an denen die Sandbänke fehlen oder eingeschnitten sind. Hier ist das Wasser dann tiefer. Solche Stellen werden als »Fischpässe« bezeichnet.

Die besten Fangmonate liegen eindeutig zwischen September und Mai, also eher in der kalten Jahreszeit. Aber auch in den Sommermonaten lassen sich Fischarten wie Hornhecht, Aal und Plattfische fangen.

Ausrüstung

Vom Aal bis zu Plattfischen wie Scholle, Steinbutt, Kliesche und Flunder, vom Dorsch bis hin zu Meerforelle und Wolfsbarsch – sie alle halten sich oft in direkter Ufernähe auf. »Direkt« bedeutet in diesem Fall den etwa 150 Meter breiten, parallel zur Küste laufenden Streifen. In diesem Bereich kannst du den Köder anbieten.

Die Wurfweiten über diese Distanz hinaus noch zu vergrößern, ist kaum möglich. Denn um bei dem an der Küste häufigen Gegenwind über 120, 130 Meter zu erreichen, ist neben perfekt abgestimmtem Gerät und guter Wurftechnik zudem ein gewisser Kraftaufwand notwendig, wobei die modernen, leichtgewichtigen Ruten die Mühen deutlich erleichtern.

Auch Vorfächer und Wurftechniken wurden immer weiter verbessert und verfeinert, viele Neuerungen bei Schnüren und Zubehör kamen hinzu. Allein die Erfindung von Weitwurf-Clips revolutionierte das Brandungsfischen. Diese Verbesserungen führten dazu, dass selbst weniger geübte Fischer mittlerweile Würfe über 100 Meter erzielen können.

Ruten

Beim Brandungsfischen geht es meist um extreme Wurfweiten. An Nord- und Ostsee sind deshalb Brandungsruten zwischen 3,60 und 4,20 Meter Länge üblich. Leichtere Brandungsruten besitzen ein Wurfgewicht bis etwa 180 Gramm. Diese Ruten passen ideal zum Angeln auf Aal und Plattfisch. Bei Starkwind, extremen Wurfweiten oder beim Angeln auf Dorsch können auch kräftigere Modelle mit Wurfgewichten bis 300 Gramm notwendig werden. Persönlich fische ich lieber mit leichten Ruten und erreiche trotzdem Wurfweiten über 100 Meter. Nur bei extremem Gegenwind, so ab Stärke 7, greife ich auch mal zu groberem Gerät.

Voll geladen – beim Brandungsfischen sind Würfe über 100 Meter angesagt. Das Material wird hierbei auf eine harte Probe gestellt. Foto: www.derangler.de

»Grob« bedeutet mittlerweile nicht mehr gleichzeitig »schwer«. Denn dank der Angelgeräte-Industrie wurden Brandungsruten immer leichter und belastbarer. Stichwort »belastbar«: Steckruten sind gegenüber Teleskopruten in der Regel haltbarer und besitzen bessere Wurfeigenschaften. Wer sich eine Brandungsrute kaufen möchte, sollte seinen Händler darum bitten, nach draußen gehen zu dürfen, um die ausgewählte Rute »schwingen« zu können. Nur so kannst du feststellen, ob sie wirklich zu dir passt.

Das gewählte Stück sollte einfach gut in der Hand (Griff-Teil) liegen und auf keinen Fall kopflastig sein. Auch ein zu dicker Ruten-Blank wird den Wurf eher bremsen und sich als Windfang erweisen. Harte Ruten mit einem Wurfgewicht bis 300 Gramm eignen sich vor allem für kraftvolles und weites Werfen, wobei die Bisserkennung aufgrund der harten Spitze nicht immer ganz leicht fällt. Weichere Ruten mit einem Wurfgewicht bis etwa 180 Gramm ermöglichen dir keine Brachial-Würfe, dafür aber feineres Fischen und eine wesentlich bessere Bisserkennung.

Dein Händler wird bei der Auswahl der richtigen Rute sicherlich gerne behilflich sein. Auch auf das Verhältnis von Rutenlänge zu Körpergröße muss unbedingt geachtet werden, um optimale Würfe zu garantieren. Bist du vielleicht unter 1,75 Meter groß, kommen eher Ruten bis etwa 3,90 Meter Länge in Frage. Misst du über 1,75 Meter, kannst du auch darüber gehen. Rutenlängen über 4,20 Meter werden an unseren Küsten nicht benötigt. Noch ein Tipp: Kaufe auch zum Brandungsfischen keine Billig-Ruten. Schlechte Qualität rächt sich meist schneller als man denkt.

Rollen

Qualität ist ebenfalls für die beim Brandungsangeln verwendeten Stationärrollen oberstes Gebot. Das schließt Billigmodelle wiederum aus. Die enormen Belastungen beim Einholen und Drillen übertragen sich direkt auf die Rolle und brechen ihr früher oder später das »Genick«, wenn das Innenleben aus Kunststoff oder einem anderen, nachgebendem Material besteht.

Gute Brandungs-Modelle sind salzwasserfest, besitzen eine lange Spule mit konischem Kern, eine hohe Übersetzung zwischen 5:1 und 6:1. Zudem zeichnen sie sich durch eine gute Schnurverlegung aus – alles wichtige Kriterien einer guten Rolle zum Brandungsfischen. Passende Modelle findest du bei den 5000er- bis 7000er-Größen. Die Spulen dieser Rollen verfügen meist über ein Fassungsvermögen von mindestens 350 Metern 0,35 Millimeter starker, monofiler Schnur. Gute Brandungsrollen stellt unter anderem die Firma Daiwa her, die allerdings ihren Preis haben.

Schnüre

Vorherrschender Schnurtyp beim Brandungsfischen ist Monofil in Stärken von 0,30 bis 0,35 Millimeter. Geflochtene Schnüre locken zwar mit hoher Tragkraft und geringen Durchmessern, sind aber längst nicht so abriebfest. Gerade beim Angeln über Stein- und Muschelgrund kann das schnell zu Schnurbruch führen.

Damit die für weite Würfe erforderliche, vergleichsweise dünne Hauptschnur beim Brandungsfischen während der Beschleunigung und dem harten Abwurf der schweren Bleie nicht reißt, schaltest du eine Keulen- oder Schlagschnur vor. Bei einer Schlagschnur knotest du an die Hauptschnur einen zehn bis 15 Meter langen Abschnitt Monofil der Stärke 0,50 bis 0,70 Millimeter. Es gibt auch knotenlos verjüngte Vorfächer zu kaufen, die dann an die Hauptschnur geknotet werden. Beides funktioniert am besten mit dem »Schlagschnur-Knoten«, auch »Albright-Knoten« genannt.

Eventuelle Unebenheiten am fertigen Knoten lassen sich mit flexiblen Kunststoffklebern wie Epoxid-Harz (gibt es unter anderem im Fliegenbinde-Bedarf) oder »Aquaseal« (ein schnell trocknender Neopren-Kleber) zusätzlich glätten. Auch dann erweist sich der Knoten zwischen Schlag- und Hauptschnur häufig noch als lästig, da er nicht immer glatt durch die Rutenringe läuft und obendrein eine Schwachstelle bedeutet.

Deshalb bietet der Fachhandel knotenlos verjüngte Keulenschnüre an, die weitaus »glattere« Würfe zulassen. Sie bestehen aus einer meist 0,30 bis 0,35 Millimeter starken Hauptschnur, die auf den letzten 15 bis 20 Metern langsam an Durchmesser gewinnt – bis auf beispielsweise etwa 0,60 Millimeter. So hast du Hauptschnur und Schlagschnur komplett und knotenlos auf der Spule – nicht die billigste, aber auf jeden Fall die beste Lösung.

Zubehör und Montagen

Auch beim Zubehör solltest du ausschließlich zu hochwertigem Material greifen. Haken, Wirbel und andere Kleinteile müssen belastbar und salzwasserfest sein. Vorfächer kannst du kaufen oder selbst fertigen. Dafür benötigst du Vorfachschnur in Stärken von 0,35 bis 0,60 Millimeter sowie Mundschnüre von 0,25 bis 0,35 Millimeter. Dazu kommen Haken, Wirbel, Kork- und Leuchtperlen, Leuchtschlauch, Spinnerblätter und Weitwurf- Clips. Die Abbildungen einiger Grundmuster findest du am Ende des Kapitels.

Verschiedene Blei-Formen für das Brandungsfischen.

Weitwurf-Clips gehören zum Standard-Zubehör.

Weiter benötigst du Knicklichter als Bissanzeiger, wenn bei Dunkelheit gefischt werden soll. Glöckchen und elektronische Bissanzeiger können im Schrank bleiben. Ferner benötigst du Ködernadeln und, je nach Wind und Strömung, verschiedene Bleie zwischen 50 und 200 Gramm. Soll die Montage nach dem Auswerfen am Platz liegen bleiben, machen Krallenbleie Sinn – vor allem bei Sturm und starker Strömung. Sarg- und Teller-Bleie werden bei weichem Grund und wenig Strömung verwendet. Auch sie können gut am Platz gehalten werden. Wird das Gegenteil gewünscht, kommen eher Blei-Oliven zum Einsatz. Sie rollen über den Grund und ermöglichen so das Absuchen eines großen Bereichs. Beim Brandungsfischen auf Plattfisch und Dorsch ist dies ein erwünschter Effekt.

Die Hakengröße reicht beim Dorschangeln von 1 bis 4/0. Geht es auf Aal und Plattfisch, sind eher die Größen 5 bis 1/0 angesagt. Sollen Garnelen als Köder verwendet werden, geht es hinunter bis auf Größe 6 oder 8.

Als praktisch erwiesen sich Dreibein-Rutenhalter. Auch hier gibt es gewaltige Unterschiede in der Qualität. Achte also unbedingt auf eine stabile Verarbeitung. Am besten sind Dreibein-Rutenhalter aus Stahl. Ebenso bewährten sich Stirnlampen. Stromsparende Modelle mit LED und geringem Eigengewicht setzen sich immer mehr durch.

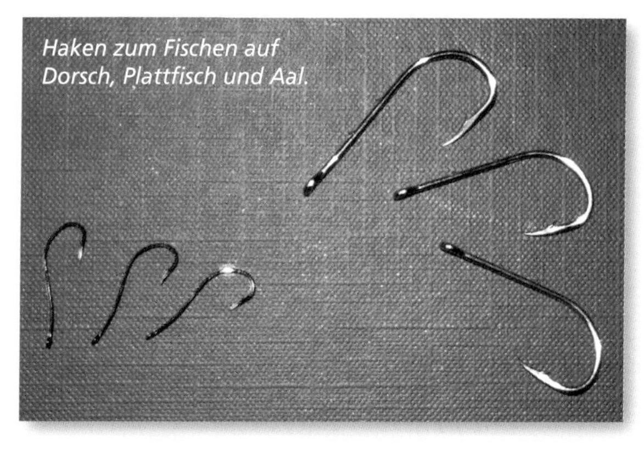

Haken zum Fischen auf Dorsch, Plattfisch und Aal.

Strandzelte machen das Brandungsfischen bequemer, ein Strandwagen (Beach Buddy) erleichtert den Transport der Ausrüstung. Auch hier gilt es, beim Kauf auf gute Qualität zu achten. Für das Wohlbefinden sorgen außerdem eine Thermoskanne mit Heißgetränk oder Suppe, Brote, Handschuhe, Mütze und warme Kleidung, einschließlich Unterwäsche.

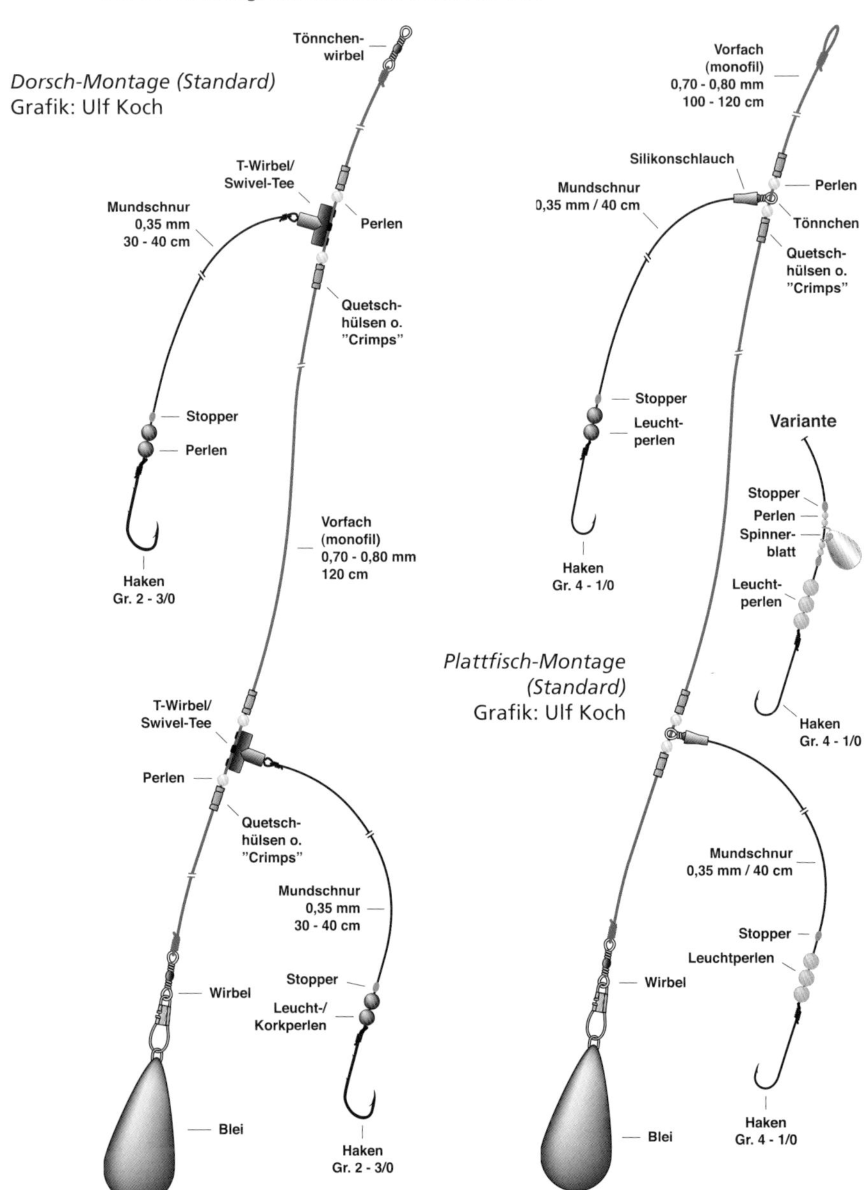

Dorsch-Montage (Standard)
Grafik: Ulf Koch

Plattfisch-Montage (Standard)
Grafik: Ulf Koch

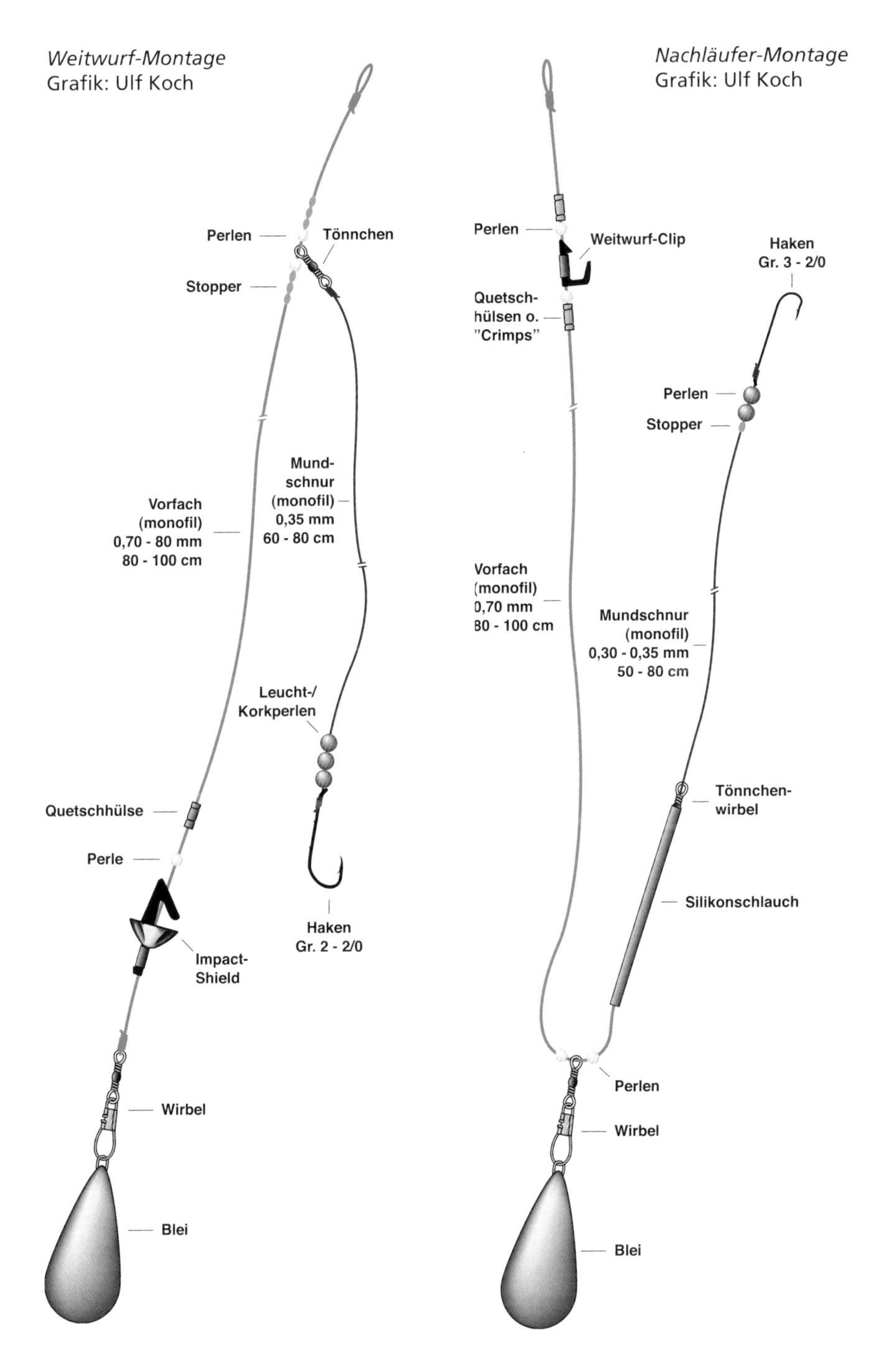

Weitwurf-Montage
Grafik: Ulf Koch
Perlen
Tönnchen
Stopper
Mund-
schnur
(monofil)
0,35 mm
60 - 80 cm
Vorfach
(monofil)
0,70 - 80 mm
80 - 100 cm
Leucht-/
Korkperlen
Quetschhülse
Perle
Impact-
Shield
Haken
Gr. 2 - 2/0
Wirbel
Blei
Nachläufer-Montage
Grafik: Ulf Koch
Perlen
Weitwurf-Clip
Haken
Gr. 3 - 2/0
Quetsch-
hülsen o.
"Crimps"
Perlen
Stopper
Vorfach
(monofil)
0,70 mm
80 - 100 cm
Mundschnur
(monofil)
0,30 - 0,35 mm
50 - 80 cm
Tönnchen-
wirbel
Silikonschlauch
Perlen
Wirbel
Blei

Grundfischen

Das Grundangeln kommt in der Küstenregion überall dort in Frage, wo keine weiten Würfe notwendig sind. In den Flussmündungen, Kanälen und Bodden geht es mit relativ leichtem Gerät auf Aal, Plattfisch und diverse Friedfischarten wie Brassen, Aland, Karpfen und Schleie. Dabei kommen hauptsächlich Techniken wie das Feeder- und Posenfischen zum Einsatz. Beim Feederfischen wird in Grundnähe gefischt, beim Posenfischen kann der Köder zusätzlich auch im Mittel- und Oberflächenwasser angeboten werden, je nach Standtiefe der Fische.

Beim Grund- und Feederfischen in Bodden, Kanälen und Flussmündungen bringen Futterkörbe mehr Fisch.
Foto: www.der-angler.de

Das Fischen mit Feeder- und Grund-Montagen ist fast überall im Brackwasser und in den küstennahen Gewässern möglich. Dabei werden die Ruten bei stehendem oder langsam strömendem Wasser waagerecht auf Rutenhaltern abgelegt. Bei stärkerer Strömung weist die Rutenspitze steil nach oben, wodurch die Rute möglichst viel Schnur aus dem Wasser hält. Das vermeidet einen Schnurbauch und verbessert somit die Bissanzeige. Nur bei starkem Wind, der die Rute kräftig zum Schwanken bringt, legst du sie besser tiefer. Dann bildet der Schnurbauch das kleinere Übel.

Die Arten der Bissanzeige lassen sich beim Grundangeln wesentlich besser variieren, als beim Brandungsfischen. Knicklichter und Glöckchen, elektronische Bissanzeiger und dazu gehörende mechanische Bissmelder aus der Karpfen-Szene – fast alles ist möglich, wenn Strömung und Wind es zulassen. Bei starker Strömung versagen manche Bissanzeiger allerdings und oftmals ist die gute, alte Rutenspitze dann die einfachste und beste Möglichkeit, Bisse zu erkennen. Auch Freilaufrollen bewährten sich beim Grundfischen im Brackwasser.

Möglich ist in stehenden oder höchstens träge strömenden Gewässern auch die Bissanzeige durch Schwingspitzen. Für diesen Zweck bietet der Fachhandel spezielle, mit einem Gewinde im Spitzenring versehene Ruten an.

An Bodden, Kanälen und Flussmündungen kannst du mancherorts auch mit der Stipp- oder Kopfrute erfolgreich auf die dort vorkommenden Friedfisch-Arten angeln. An der Küste ist auch das Posenfischen mit kleinen Fischfetzen auf Hornhecht und Seeringelwürmern auf Meerforelle sehr beliebt – und fängig.

Dazu kommen gelegentlich abweichende Köder, wie Tau- und Rotwürmer, Tebolas und sogar Boilies. Auch mit Teig, Mais und anderen Partikelködern lassen sich im Brackwasser Friedfische erfolgreich anfüttern und an den Haken locken.

Würmer aller Art bilden gute Köder für das Grund- und Posenfischen. Foto: www.der-angler.de

Ausrüstung

Ruten, Rollen und Zubehör

Zum Grundangeln in der Küstenregion greifst du am besten zu einer Grund- oder Heavy-Feeder-Rute mit einer Länge von 3,30 bis 3,90 Meter und einem Wurfgewicht bis 100 oder 120 Gramm, wenn es auf Aal und Plattfisch gehen soll. Auch Karpfenruten mit einer Testkurve von 3 bis 3 1/2 lb eignen sich zum Grundfischen. Beim Zander- und Friedfischangeln können die Ruten feiner ausfallen. Meist genügt eine Rute mit bis zu 40 Gramm Wurfgewicht.

Während dem Grundfischen legen Angler meist mehrere Ruten mit verschiedenen Ködern aus, um die Fang-Chancen zu erhöhen.
Foto: www.der-angler.de

Von der Größe her zur Rute passende Stationärrollen der Größen 3000 bis 5000 genügen völlig. Eine 0,17er geflochtene oder 0,35er monofile Schnur wird in den meisten Fällen absolut ausreichen. Die Bleie können aufgrund des feineren Geräts und der kürzeren Wurfweiten etwas leichter sein als beim Brandungsfischen. Die Bandbreite ist groß. Je nach herrschenden Wind- und Strömungsverhältnissen können Bleie mit Gewichten zwischen 20 und 200 Gramm notwendig werden. Bei der Auswahl musst du außerdem entscheiden, ob das Blei über den Grund rollen oder liegenbleiben soll.

Zum Feederangeln kommen außerdem häufig mit Blei beschwerte Futterkörbe aus Draht und Kunststoff in Frage. An der Küste sollte dein Futterkorb eine Mischung aus zerkleinerten Heringen, Wattwürmern oder Muschelfleisch enthalten. Auch mit Lock-Ölen kann es klappen. Hierbei ist es praktisch, den Futterkorb mit Watte zu füllen und sie mit dem Öl zu beträufeln.

Spinnfischen

Seit Beginn der 1990er-Jahre wurde das Spinnfischen an der Ostseeküste immer populärer. Das liegt besonders am Fischen auf Meerforellen, das derzeit einen regelrechten »Boom« erlebt. Das ist in erster Linie auf die durch intensive Besatzmaßnahmen gesteigerten Bestände und die somit verbesserten Fangchancen zurückzuführen.

Spinnfischern gehen an der Küste oft stramme Dorsche an den Haken.
Foto: www.der-angler.de

Im Unterschied zu früheren Jahren bestehen heute vor allem im Frühjahr gute bis sehr gute Chancen, an einem Tag einen oder mehrere dieser wunderschönen Fische zu fangen. Aber auch Hornhechte, Regenbogenforellen, Lachse (an den Flussmündungen) Dorsche, Makrelen und Wolfsbarsche

Hecht und Zander lassen sich auch im Brackwasser überlisten.
Foto: www.der-angler.de

gehen auf Spinnköder wie Blinker und Wobbler. Meeräschen werden eher mit Fliege am Sbirolino gefangen. Die Chancen hängen selbstverständlich wiederum von den Jahres- und Tageszeiten ab.

In den salzärmeren Gebieten der südlichen und östlichen Ostsee sowie in den Bodden kann der Küstenangler beim Spinnfischen sogar mit Hechten, Zandern und Barschen rechnen. Für die Flussmündungen an Nord- und Ostsee gilt das selbe.

An der offenen Nordsee sind die Bedingungen für erfolgreiches Spinnfischen dagegen meist nicht wirklich gegeben. Eine Ausnahme stellt das Angeln in Häfen und von Molen aus dar. In den Sommermonaten lassen sich an solchen Plätzen mit ein wenig Glück Hornhechte, Makrelen und Wolfsbarsche überlisten. In der kalten Jahreszeit ist hier Dorschzeit, vereinzelt gehen zudem Wittlinge an den Haken.

Molen gelten besonders an der Nordsee als gute Angelplätze.
Foto: www.derangler.de

Ausrüstung

Ruten

Fakt ist, dass es beim Spinnfischen an der Küste oft auf weite Würfe ankommt, um an den Fisch zu kommen. Das sollte bei der Rutenwahl immer bedacht werden.

Mittlerweile bietet der Fachhandel Meerforellen- und Küstenspinnruten an, die in ihren Eigenschaften exakt zu den extremen Bedingungen und Anforderungen an der Küste passen.

Allerdings sind die Ruten-Vorlieben der Angler völlig unterschiedlich. Der eine fischt lieber mit seiner zur Spinnrute umgebauten Fliegenrute, liebt also eher eine sehr weiche, durchgehende Aktion, während der andere lieber eine harte Rute mit Spitzenaktion benutzt. Als ideal haben sich, meiner Erfahrung nach, schnelle Ruten mit mittlerer Aktion erwiesen. Sie lassen sich beim Wurf optimal aufladen und ermöglichen dadurch die nötigen Wurfweiten.

In jedem Fall musst du auf ein niedriges Rutengewicht achten, um auch zehn, elf Stunden ermüdungsfrei fischen zu können. Nichts ist schlimmer, als eine zu schwere oder »kopflastige« Rute zu fischen. Auch deshalb müssen Rute und Rolle gewichtsmäßig zueinander passen.

Verhältnismäßig große Rutenringe lassen die Schnur beim Wurf mit sehr geringer Reibung durchrutschen, was zu größeren Wurfdistanzen führt. Deine Küsten-Spinnrute sollte keine zu enge Beringung besitzen. Beim Einsatz von Rollen mit großem Spulendurchmesser kann es sonst leicht zu Schnursalat kommen. Optimal ist es, wenn 3,00 bis 3,30 Meter lange Ruten etwa sieben Rutenringe besitzen. Tipp: Lege dir lieber Steckruten als Teleskopruten zu, da sich die Platzierung der Rutenringe hier nicht an der Lage der Rutenteilungen, sondern am Verlauf der Biegekurve orientiert.

Kein Platz für schlechte Qualität – eine Rute für das Spinnfischen an der Küste darf gern etwas belastbarer sein.

Allgemein erweisen sich Längen zwischen 3,00 und 3,30 Meter bei einem Wurfgewicht von 20 bis 40 Gramm als optimal. Beim Barschangeln und an den Bodden kann die Rute auch ruhig ein bisschen kürzer und feiner ausfallen. Etwa 2,70 Meter bei einem Wurfgewicht von 10 bis 20 oder 30 Gramm gehen in Ordnung. Wer an den Bodden auf Hecht angelt, sollte kräftigere Ruten um die drei Meter mit einem Wurfgewicht von 40 bis 80 Gramm wählen.

Rollen

Bei den **Stationärrollen** gab es in den letzten Jahren zahlreiche Innovationen, besonders in Bezug auf Salzwasser-Tauglichkeit, sauberes Verlegen der Schnur und verbesserte Bremssysteme – wichtige Aspekte beim Küstenspinnen. In erster Linie solltest du bei der Auswahl auf einen großen Spulendurchmesser und eine einwandfrei arbeitende (Front-) Bremse achten.

Persönlich verwende ich deshalb zum Spinnfischen an der Küste seit einigen Jahren relativ große Rollen, die mit gut einem Pfund Eigengewicht natürlich schwer an der Rute hängen. Insgesamt sind sie jedoch stabiler, zuverlässiger und bringen aufgrund der größeren Spulen extreme Wurfweiten – vor allem, wenn mit dünnen, geflochtenen Schnüren gefischt wird.

Eine gute und relativ preiswerte Allroundrolle ist die »Symetre« von Shimano, in der 4000er- und 5000er-Größe. Beim Spinnfischen auf Meerforelle Hecht, Zander oder Dorsch an Küste und Bodden leistet sie gute Dienste.

Multirollen finden sich hauptsächlich beim Schleppfischen auf Lachs, Meerforelle, Hecht und Dorsch. Beim Spinnfischen an der Küste kommen sie wesentlich seltener zum Einsatz als Stationärrollen. Wer lieber mit Multis fischt, kann diese natürlich einsetzen.

Beim Spinnfischen an der Küste machen nur hochwertige Rollen wirklich Sinn.
Foto: www.der-angler.de

Schnüre

Geflochtene Hochleistungs-Schnüre wie die »Fireline«, setzten sich nicht zuletzt an der Küste in den letzten Jahren mehr und mehr durch. Sie sind extrem dehnungsarm und besitzen bei gleichem Durchmesser eine höhere Tragkraft als monofile Schnüre. Während eine 0,15 Millimeter starke Monofil-Schnur etwa 1,5 bis 2,0 Kilogramm trägt, schafft eine gleich starke Flechtschnur bis zu 15 Kilo. Beim Spinnfischen an der Küste und in den Bodden genügen deshalb meist Schnurdurchmesser zwischen 0,12 und 0,17 Millimeter. Ihre Tragkraft reicht völlig aus und sie sind haltbar genug, um einen Zehn-Pfund-Dorsch sicher zu landen.

Geflochtene Schnüre weisen außerdem kaum Dehnung auf, was gerade beim Angeln mit Gummifisch und Twister einen erwünschten Effekt bedeutet. Oft wird die geringe Dehnung von Flechtschnüren für »Aussteiger« (Fischverluste) verantwortlich gemacht. Meistens liegt dies aber am Zusammenspiel mit einer zu harten Rute und/oder an einer zu fest eingestellten, beziehungsweise nicht ruckfrei arbeitenden Rollenbremse.

Übrigens können durch geflochtene Schnüre auch können einige Rutenringe (außer SIC) und Rollengetriebe nach einiger Zeit Schaden nehmen. Deshalb verwenden viele Angler, die jahrelang mit geflochtenen Schnüren fischten, wieder vermehrt monofile Leinen. Die Tragkraft liegt bei diesem Material im Verhältnis zum Durchmesser allerdings niedriger. Zu empfehlen ist die Stroft GTM oder die noch anriebfestere, jedoch ein wenig steifere ABR des deutschen Herstellers Waku. Beide überzeugen durch hohe Tragkraft und lange Haltbarkeit.

Gehe trotzdem niemals unter 0,25 Millimeter. Als obere Grenze beim Spinnfischen auf Meerforelle sind 0,30 Millimeter realistisch, Dorschen kannst du bei hindernisreichem Grund auch schon mal mit der 0,35er zu Leibe rücken. Beim Hechtfischen in den Bodden darf es noch etwas mehr sein. Das gilt vor allem, wenn du mit großen Fischen rechnen darfst.

Spinnköder

Speziell für die Küste entworfene Blinker und Wobbler besitzen vor allem eine Eigenschaft: Sie lassen sich durch ihren perfekt angelegten Schwerpunkt weit werfen. In ihrer Form imitieren sie die typischen Kleinfische der Küste, Hering und Sandspierling (Tobs). Diese Köder gibt es in verschiedensten Formen, aus Kunststoff und Metall gefertigt und oft in grellen Farben lackiert. Sie fangen nicht nur an der Küste. Auch in den Bodden und Mündungen lassen sich damit Hechte, Barsche, Zander und Rapfen (Elbe) fangen. Vor allem Küsten-Wobbler wie der »Samba« von Ismo bewegen sich sehr lebhaft und verführen oft Brackwasser-Räuber.

Bei den Küsten-Kunstködern gab und gibt es jedes Jahr viele Neuentwicklungen. Dennoch hielten sich gerade bei den Meerforellen-Ködern einige erfolgreiche »Klassiker« auf dem Markt. Vor allem Modelle wie »Hansen Flash«, »Gladsax« oder »Möresilda« sind aus den Köderschachteln der Küsten-Freaks nicht mehr wegzudenken. Die gängigsten Gewichte dieser Weitwurf-Spinnköder liegen zwischen 20 und 30 Gramm. Mit diesen »Eisen« läuft´s auch auf Dorsch, Barsch, Wolfsbarsch und Hecht.

Für Hecht, Zander und Barsch kommen außerdem die auch im Süßwasser üblichen Blinker, Wobbler, Spinner, Twister und Gummifische in Frage. Auch hier gab und gibt es immer wieder zahlreiche Neuentwicklungen – Klassiker wie der Effzett-Blinker fangen aber auch Heute noch.

Bodden-Hechte gehen gern auf Gummifische. Die zusätzlichen Drillinge sind besonders wichtig, da der Einzelhaken meist nicht fasst. Foto: Frank Brodrecht

In Bodden und Mündungen greifen Hecht und Zander gerne Gummifische an. Esox können gerne größere Modelle bis 20 Zentimeter Länge angeboten werden, Zandern ist jedoch eher nach kleineren Happen. Ein weiterer Unterschied liegt in der Führungsweise. Beim Fischen auf Zander werden Twister und Gummifische meist grundnah geführt und dabei gezupft (gejiggt), das Fischen auf Hecht hingegen spielt sich meist im Mittel-und Oberflächenwasser ab.

In den Brackwasserbereichen der Flüsse, in Mündungen und Bodden sind übrigens auch Ultraleicht-Köder fängig. Kleine Spinner und Twister bringen hier oft mehr Erfolg als große Köder und fangen Zander, Barsch, Rapfen, Aland und Hecht.

Köder für das Ultraleicht-Spinnfischen.
Foto: www.der-angler.de

Der Gladsax-Wobbler ist ein echter Küsten-Knaller.

Das gilt genauso für den Hansen Flash ...

... sowie den Samba.

Wer im gut sortierten, küstennahen Angelladen die Blinker- und Wobblerwand inspiziert, fühlt sich vielleicht von den vielen verschiedenen Farbgebungen »erschlagen«. Dabei sind eigentlich nur einige Grundtypen notwendig, den Rest kannst du einfach vergessen.

Ist das Wasser unter 3 oder 4 Grad kalt, kommen vor allem beim Meerforellen- und Dorsch-Fischen kleinere Köder in grellen Schockfarben (Gelb, Rot, Grün) in Frage – sie können das jetzt oft zögerliche Schuppenwild am ehesten zum Zupacken reizen. Sind die Fische aufgrund des kalten Wassers eher träge und beissfaul, solltest du die Köder entsprechend langsam führen.

Zur besten Meerforellen-Zeit Im März und April fängt nahezu jede Köderfarbe. Ob Silber, Blau, Rot, Gelb oder Pink – die Fische sind zu dieser Zeit besonders aggressiv und hungrig. Sind Sandaale (Tobiasfische) oder Jungheringe an der Küste unterwegs, versprechen Köder in Blau/Silber und Grün/Silber am ehesten den Erfolg auf Meerforelle, Dorsch und Co. Bei Dunkelheit empfehlen sich vor allem schwarze und braune Spinnköder, da Fische sie gegen den selbst bei Nacht helleren Himmel besser wahrnehmen.

Fliegenfischen

Beim Begriff »Fliegenfischen« denken die meisten Angler wohl noch immer an kristallklare Gebirgsbäche, an Bachforellen, Äschen und Spey-cast. Dass diese Angeltechnik auch an der Küste ihre Fische bringt und sich oft sogar als die erfolgreichere Methode herausstellt, wundert sicherlich den einen oder anderen.

Genau betrachtet ernähren sich jedoch alle Fische von Würmern, Insekten oder Kleinfischen sowie an der Küste zudem von Garnelen und Tangläufern. Und sämtliche dieser Futtertiere kann der Fliegenfischer mit Fliegen und Streamern imitieren.

An der Küste geht es mit der Fliegenrute auf Regenbogen- und Meerforellen, Dorsche, Hornhechte, Meeräschen und viele andere Arten. Schwierig wird es eigentlich nur bei den Plattfischen und erst recht bei den Aalen, ansonsten gibt es eigentlich keine Grenzen. Durch die Vielfalt der möglichen Köder erweist sich das Fliegenfischen an der Küste dem Spinnfischen sogar oft als überlegen.

Der Anhieb sitzt, die Forelle hängt. Foto: Stefan Nölting

Klein, aber fein. An unseren Küsten lassen sich allerdings auch größere Meerforellen fangen. Foto: Stefan Nölting

An der Ostsee findest du das bessere Fliegenfischer-Revier. Hier wird hauptsächlich auf Meerforellen gefischt, aber auch Regenbogenforellen, Hechte, Dorsche, Hornhechte, Meeräschen und sogar Heringe lassen sich zur richtigen Zeit am richtigen Ort mit der passenden Fliege überlisten.

Beim Fliegenfischen an der Nordsee können sich Versuche mit Streamer und Tubenfliege lohnen, wenn an den Mündungen der dänischen Auen gefischt wird. Bei auflaufendem Wasser und/oder geöffneten Schleusen kann hier durchaus der Fang von Meerforellen, Regenbogenforellen und sogar Lachsen glücken.

Fängige Streamer für das Fliegenfischen auf Hecht – vor allem im Frühjahr sind sie immer einen Versuch wert. Foto: Frank Brodrecht

Ausrüstung

Eins ist klar: an der Küste ist alles anders als am Bach. Denn beim Fliegenfischen im Salzwasser geht es vor allem darum, dem Wind zu trotzen und dabei auf Weite zu kommen.

Ruten

Auf große Distanzen kommst du nur mit dem »Doppelzug« sowie entsprechend langen und »schnellen« Ruten, die also über eine Mittelteil- bis Spitzenaktion verfügen. Modelle unter 2,70 Meter Länge und Klasse 6/7 bleiben also Zuhause. Besser eignen sich Ruten um die 3 Meter Länge, in den Klassen 7/8 oder 8/9, was besonders für das Watfischen gilt.

Bis zum Bauch im Wasser stehend, kann es mit einer zu kurzen Rute schwierig werden, die Schnur in der Luft zu halten. Wie bei den Spinnruten sind auch bei Fliegenruten relativ große Ringe von Bedeutung, um der Schnur möglichst wenig Widerstand zu bieten. Die unteren beiden Ringe der Rute sowie der Endring können gerne aus SIC-Material bestehen, ansonsten genügen die üblichen Schlangen-Ringe.

Hersteller wie Sage, Loomis oder RST bieten inzwischen speziell für das Fischen an der Küste entwickelte Fliegenruten an. Ob sie immer das ultimative Gerät darstellen, sei dahin gestellt. Oftmals eignen sich normale, preiswertere Ruten genauso gut – oder besser.

Leichte, jedoch kräftige Einhandruten und Rollen der Klassen 7, 8 und 9 kommen selbst mit kämpferischen Meerforellen zurecht. Foto: Stefan Nölting

Rollen

Eine Fliegenrolle für die Küste muss vor allem robust und salzwasserbeständig sein. Dazu zählen nicht zuletzt alle aus Metall bestehenden Kleinteile, wie Schrauben, Nieten und Lagerachse. Praktisch sind Fliegenrollen mit Gehäuse und Spule aus Aluminium oder Kunststoff, da sie dem Salzwasser meist keine Chance geben.

Wer möchte, legt sich ein Modell mit einer fein einstellbaren und absolut ruckfrei arbeitenden Bremse zu (die besten Bremssysteme arbeiten auch bei Fliegenrollen mit Korkscheiben). Im Normalfall reicht jedoch eine einfache Knarre. Ein weiteres, wichtiges Kriterium ist ein hohes Schnurfassungs-Vermögen sowie ein großer Spulenkern. Letzterer ermöglicht schnelleres Einholen der Schnur, was vor allem beim Drill von Meerforellen, Hechten und Rapfen von Vorteil sein kann.

Zudem sollte deine Fliegenrolle über eine rasch zu entnehmende Spule verfügen, falls ein rascher Wechsel, etwa von schwimmender auf langsam sinkende Schnur, ansteht. Außerdem muss sie zur Ruten- und Schnurklasse passen.

Die Forellen entscheiden über die Fängigkeit eines Musters.
Foto: Frank Brodrecht

Schnüre

Fliegenruten ermöglichen vor allem an der Küste keine sonderlich weiten Würfe. Bei 20, höchstens 30 Metern ist meistens Schluss. Wind und Wellen machen es uns schwer.

Um dennoch an tieferes Wasser heran zu kommen, kann bei ruhigem Wetter ein Belly-Boat gute Dienste leisten. Wer das nicht möchte, aber trotzdem auf Weite kommen will, fischt mit acht bis zehn Meter langen Schussköpfen und dünner Running-Line. Diese kann sich jedoch auf Dauer unangenehm in die nassen, kalten Finger einschneiden. Eine schwimmende oder langsam sinkende Intermediate (bei Wellen) WF-Schnur der Klasse 7/8 oder 8/9 erfüllt ebenfalls ihren Zweck. Beim Fischen in tiefem Wasser kannst du auch sinkende Schnüre verwenden. Vor allem beim Zander-Fischen.

Auf jeden Fall benötigst du mindestens 100 Meter Nachschnur (Backing) auf der Rolle, besser mehr. Denn wenn der Traum-Fisch einsteigt, sollte immer genug Schnur-Reserve zur Verfügung stehen.

Das monofile Vorfach besitzt beim Fliegenfischen an der Küste normalerweise eine Mindestlänge von etwa drei Metern. Bei kaltem oder tiefem Wasser kann eine noch längere Ausführung bis fünf Meter sinnvoll sein. Dabei müssen es nicht unbedingt verjüngte Vorfächer sein. Auch normale Vorfach-Schnur erfüllt ihren Zweck. Beim Durchmesser der Vorfach-Spitze solltest Du niemals unter 0,25 Millimeter gehen. Für das Fliegenfischen auf Hecht solltest du unbedingt Stahl- oder Hard Mono-Vorfachspitzen verwenden.

Fliegen und Streamer

Im Winter und zeitigen Frühjahr sind an der Küste kleine, langsam geführte Köder angesagt. Das gleiche gilt für den Sommer. Allerdings kannst du die Schnur jetzt auch schneller einstrippen. In kaltem Wasser reizen grelle Signal-Farben (Rot, Grün, Gelb), Marabou und Glitter die Fische besonders stark.

Im Frühjahr versprechen vor allem Streamer in Grün-Silber und Blau-Silber Erfolg beim Fischen auf Meerforelle und Dorsch. Sie imitieren kleine Fische. Auch Wurm-Imitationen fangen zu dieser Zeit. Besonders im März/April, wenn die Seeringelwürmer laichen, kannst Du hiermit gute Erfolge erzielen.

In den Uferbereichen der Bodden kannst du im späten Frühjahr (Schonzeit beachten) mit großen, grellen Streamern auf hungrige Hechte fischen – eine spannende Sache. Es gibt auch Fliegenfischer, die an sinkenden Schnüren und Vorfächern ihre Streamer am Grund anbieten und Zander fangen. Vor allem in der Elbe bei Hamburg

Eine bunte Mischung fängiger Muster für das Fliegenfischen auf Meer-und Regenbogenforelle. Foto: Frank Brodrecht

lässt sich diese Taktik erfolgreich einsetzen. Im Sommer steigen hier außerdem Rapfen auf rote, oberflächennah geführte Streamern ein.

Kommen im Mai die Hornhechte an unsere Küsten, fangen Streamer in Rot-Orange. Im Sommer bringen die Garnelen- und Tangläufer-Imitationen in gedeckten Farben wieder mehr Bisse. Bei ruhigem Wasser und in der Nacht bieten sich jetzt auch dunkle Muddler an. Da sie nahe der Wasseroberfläche laufen, werden sie von Meerforelle und Dorsch besser wahrgenommen (Kontrast-Effekt) . Von Herbst bis Winter kannst du dann wieder die ganze Palette fischen.

Die Hakengrößen variieren je nach Fischart und Jahreszeit. Beim Fischen auf Meerforelle, Dorsch und Hornhecht etwa kannst du Größen zwischen 2 und 4 verwenden. Nur für Hecht-Streamer sind auch Größen bis 2/0 möglich. Darüber hinaus verwenden einige Fliegenfischer außerdem Zwillings- oder Drillingshaken.

Über aktuelle, fängige Fliegen- und Streamermuster kannst du dich nicht zuletzt im Internet informieren. Auf der Homepage von www.der-angler.de stellt der auf der Ostsee-Insel Fehmarn lebende Angel-Guide und Fliegenfischer Stefan Nölting regelmäßig seine Favoriten vor.

Schleppfischen

Immer größerer Beliebtheit erfreut sich das Schleppfischen, da es sehr gute Fänge bringt. Diese Angeltechnik ist im Ostsee-Raum verbreitet, in den Bodden aber nicht erlaubt. An der Nordsee dagegen spielt sie kaum eine Rolle.

Mit vom Boot geschleppten Blinkern, Wobblern und Gummifischen lässt sich fast jeder Raubfisch fangen. An der Küste geht es dabei gezielt hauptsächlich auf Hecht, Zander, Meerforelle und Lachs. Allerdings würde

Die Ostsee hält auch für Schleppfischer dicke Dorsche bereit.
Foto: www.der-angler.de

es entsprechend den übrigen Techniken den Rahmen des Buchs sprengen, dir das Schleppen hier in all seinen Varianten nahezubringen. Deshalb beschränken sich die Tipps auf die für die Küste wesentlichen Punkte.

Technik

Bei der einfachsten Art des Schleppens fährt das Boot in Schritt-Geschwindigkeit und in ausreichender Entfernung von etwa 500 Meter zum Ufer. Du nimmst eine beliebige, mittelstarke Spinnrute, eine Rolle mit 0,30er Mono-Hauptschnur und bindest an das Ende einen Wirbel sowie einen 20 bis 30 Gramm schweren Blinker oder einen etwa 12 Zentimeter langen Wobbler. Dann erfolgt ein 30 bis 40 Meter weiter Wurf, du schließt den Bügel und hältst die Rute fest. Jetzt musst du nur noch auf den Biss warten. Tatsächlich fängt diese Taktik ihre Fische, bringt allerdings keine optimalen Ergebnisse.

Wer es ernst meint, muss das Ganze deshalb noch etwas ausfeilen. Dazu benötigst du zunächst ein Echolot sowie zwei bis vier Rutenhalter und befestigst sie sinnvoll am Boot. Weiter geht es mit mehreren Ruten bis 2,70 Metern Länge in verschiedenen Wurfgewichten.

Für das Schleppen auf Dorsch und Meerforelle genügen Ruten mit Wurfgewichten bis 40 Gramm und weicher Aktion. Soll es auf Hecht oder Lachs gehen, sind eher 40 bis 80 Gramm angesagt. Zum Schleppen bewährten sich Multirollen in 5000er- bis 6000er-Größen. Verglichen mit Stationärrollen halten sie den andauernden Belastungen bedeutend besser stand. An der Küste fischen die meisten »Schlepper« mit monofilen Schnüren in Durchmessern zwischen 0,30 und 0,50 Millimeter. Aufgrund ihrer starken Dehnung eignen sich monofile Schnüre für das Schleppfischen besser, als geflochtenes Material.

Als fängige Schleppblinker auf Dorsch, Meerforelle und Lachs stellten sich die Modelle »Apex«, »Northern King« und »Fish Expert« heraus. Aber auch der gute, alte Heintz-Blinker (nur mit End-Drilling) und normale Löffel-Blinker fangen ihre Fische. Beim ufernahen Schleppen genügen normale Küsten-Blinker.

Bei den Wobblern ist die angepeilte Tiefe entscheidend. Tief tauchende Wobbler werden vor allem beim Fischen über tiefem Wasser und auf Dorsch eingesetzt. Modelle ohne Tauchschaufel, zu denen auch die meisten Küsten-Wobbler zählen, werden meist mit Vorbebleiung gefischt. Rapala-Wobbler sollte jeder, der auf Dorsch, Meerforelle und Lachs schleppen will, im Kasten haben. Ebenfalls zu empfehlen sind Modelle wie »Conrad«, »Jack Rapid« und »Bomber Long-A«.

Beim Schleppfischen in der Ostsee kommen auch Wobbler zum Einsatz. Sie eignen sich vor allem für den Fang von Hechten. Foto: Frank Brodrecht

Jeder Schleppköder hat seine eigene Optimal-Geschwindigkeit. So laufen einige Schleppblinker am besten bei 1,5 Knoten (etwa 2,5 Stundenkilometer), andere erst ab etwa 2,0 Knoten Fahrgeschwindigkeit.

Unabhängig vom Typ würden normale Kunstköder beim freien Schleppen häufig nicht ausreichend tief laufen. Bleie, Paravans und Diver bringen jedoch selbst flach laufenden Wobbler auf Tiefen zwischen zwei und zehn Meter. Dabei macht es Sinn, mit mehreren Ruten in verschiedenen Tiefen zu fischen. Denn du weißt nie genau, in welcher Tiefe die Fische sich gerade aufhalten. Allerdings kann ein Echolot hier bereits einiges über die gerade bevorzugte Region verraten.

Der schöne Hecht wurde erfolgreich abgeschleppt. Foto: www.der-angler.de

Speziell zum Schleppfischen ausgerüstete Boote lassen sich in Deutschland und Dänemark tage- und wochenweise chartern. Foto: Frank Brodrecht

Möchtest du das Schleppen in Vollendung betreiben, ergänzen zwei Downrigger, ein Vier-Takt-Motor sowie ein Temperatur- und Geschwindigkeitsmesser die Bootsausrüstung. Auch ein GPS-Handy zur gezielten Navigation sollte nicht fehlen. Da dieses Vorhaben mächtig ins Geld gehen kann, empfiehlt sich zum Ausprobieren oder zum ein- bis zweimal Fischen im Jahr ein Charter-Boot. Auf den Inseln Fehmarn, Rügen und Bornholm kannst du das Boot oft mit Angelführer buchen.

Fischarten

Aal *(Anguilla anguilla)*

Der Aal ist ein Wanderfisch, der überall in Nord- und Ostsee, Bodden und Flussmündungen vorkommt. Durch Besatz und Kanalisierung ist er selbst in Gebiete vorgedrungen, die keinen natürlichen Anschluß an den zum Laichen benötigten Atlantik besitzen.

Bis heute ist dabei das Laichverhalten der Aale nicht voll geklärt. Die Wissenschaft geht davon aus, dass der geschlechtsreife Aal, im Alter von etwa zehn bis zwölf Jahren in den westlichen Atlantik zieht, um in der 3.000 Meter tiefen Sargasso-See nahe den Bermuda-Inseln zu laichen. Getrieben durch den Golfstrom gelangen die jungen, weidenblattförmigen Larven nach etwa drei Jahren in unsere Küstengewässer. Anschließend folgt die Umwandlung zum so genannten Glasaal. Als Steigaale ziehen die jungen Aale dann die Flüsse hinauf.

Der langgestreckte Körper des Aals hnelt dem einer Schlange, die kleinen Schuppen sind tief in der stark mit Schleim bedeckten Haut versteckt. Bei geschlechtsunreifen Tieren ist der Rücken dunkelbraun bis dunkelgrün, die Flanken und der Bauch sind gelblich, zuweilen goldfarben. Bei erwachsenen Exemplaren wird der Rücken nach und nach fast schwarz und der Bauch silberfarben (Blankaal).

Aale kommen in allen Küstengewässern vor. Foto: www.derangler.de

Die Hautatmung ermöglicht es Aalen, auch im Schlamm zu überleben oder nachts über nasses Gras von einem Gewässer zum anderen zu gelangen. Während der männliche Aal nur eine Länge bis zu 50 Zentimeter erreicht, können Weibchen bis zu 150 Zentimeter bei einem Gewicht von bis zu sechs Kilogramm erreichen.

Aale unterscheiden sich in Spitzkopf- und Breitkopfaale. Der Spitzkopfaal ernährt sich in erster Linie von Insektenlarven, Garnelen, Würmern und Schnecken. Der Breitkopfaal hingegen wird auch als Raubaal bezeichnet und frißt kleine Fische, Fischlaich und Krebse. Dadurch wächst dieser Aal verglichen mit dem Spitzkopf wesentlich schneller. Als Aalkder eignen sich Würmer aller Art, kleine Köderfische, Garnelen, Krabben, Muscheln und Fleisch (Hühnerleber). Die optimale Fangzeit für Aale liegt zwischen April und Oktober, vor allem nach Einbruch der Dunkelheit.

Tipp: Beim Aalangeln ein Tuch mitnehmen, da sich die gefangenen Aale aufgrund ihrer Schleimschicht sonst nur sehr schwer halten lassen.

Barsch *(Perca fluviatilis)*

Ob im Fluss, an der Mündung, in den Bodden oder im salzarmen Wasser der südlichen und östlichen Ostsee gefischt wird – Barsche gehen in diesen Bereichen immer wieder und teilweise in recht guten Größen an den Haken. Exemplare über 30 Zentimeter sind hier keine Seltenheit.

Der Barsch lässt sich kaum mit einer anderen Fischart verwechseln, zu farbenfroh präsentiert sich sein Schuppenkleid. Sein Rumpf ist ziemlich hoch, die Höhe der Rückenwölbung schwankt allerdings stark mit den wechselnden Lebensbedingungen. Am keilförmigen Kopf mit dem endständigen, gut bezahnten Maul befinden sich große Augen. Der Körper besitzt eine grau-grüne bis gelb-grüne Färbung, der Rücken ist dunkler, der Bauch heller gefärbt. Charakteristisch sind die mit Stachelstrahlen bewehrte vordere Rücken-

Mit so schönen Barschen können nicht zuletzt Bodden-Angler rechnen.

flosse, die orange-roten Brust-, Bauch- und Afterflossen sowie die fünf bis neun markanten, dunklen Streifen auf den Flanken.

Jüngere Barsche leben meist in Schwärmen, lediglich große, alte Exemplare leben allein. Sobald sie eine Länge von etwa 20 Zentimeter erreichen, ernähren sie sich von kleineren Fischen, sogar vom eigenen Nachwuchs. Zur Nahrung gehören weiter kleine Krustentiere, Fischlaich und Insektennymphen.

Barsche bevorzugen Stellen mit üppiger Vegetation, versunkenen Bäumen und Unterwasserwurzeln. Gute Plätze findest du an Scharkanten, mit Wasserpflanzen bewachsenen Abschnitten und Unterwasserbergen (»Barschberge«). Auch steinige Bereiche bilden beliebte Standplätze. Oft rauben Barsche im flachen Wasser. Das gilt besonders, wenn sie Fischbrut und Kleinfische jagen. In der Nacht verharren Barsche meist am Grund und sammeln sich erst in der Morgendämmerung wieder zu Schwärmen.

Größere Barsche werden vor allem beim Spinnfischen mit Spinnern, kleinen Blinkern, Wobblern, Twistern und Gummifischen gefangen, oft als Beifang beim Hecht- und Zanderangeln. Darüber hinaus lassen sich die stacheligen Gesellen beim Grund- und Posenfischen mit Tauwurm, Made oder Köderfisch (-fetzen) überlisten. Nicht zuletzt gehen Barsche an der Küste immer wieder als Beifang beim Fliegenfischen auf Meerforelle an den Haken.

Vor allem im Sommer und Herbst bestehen gute Barsch-Aussichten. Die wirklich großen Exemplare kommen jedoch nur im Frühjahr aus dem tiefen Wasser in die Uferbereiche. In der Laichzeit von April bis Mai versammeln sie sich hier zu größeren Schwärmen.

Gute Aussichten auf große Barsche bestehen an der Küste in Trave und Elbe, in den sowie den Buchten der Ostsee um Rügen und im Peenestrom.

Dorsch *(Gadus morhua)*

Der Dorsch kommt fast überall in Nord- und Ostsee vor. In letzterer ist er zahlreicher vertreten und lässt sich vor allem mit dem Boot das ganze Jahr befischen.

Jedoch tauchen die Räuber vor allem im Herbst ebenfalls direkt an der Küste immer wieder auf, teilweise sogar in »anständigen« Größen von 70 bis 80 Zentimetern Länge und zwischen vier und fünf Kilogramm Gewicht. Meist wirst du jedoch Fische um die 40 Zentimeter fangen.

Dorsche

Besonders der Bartfaden an der unteren Unterkiefer-Spitze, die ausgeprägte, weiße Seitenlinie, die marmorierten Flanken, das große »Staubsauger-Maul« und die typischen drei Rückenflossen machen den Dorsch unverwechselbar. Allerdings kann seine Grundfärbung je nach Umgebung unterschiedlich aussehen.

Dorsche leben im tieferen Wasser ab etwa sechs bis acht Meter. In der Dämmerungsphase und an bewölkten Tagen kommen die Räuber jedoch auch in flachere, ufernahe Bereiche und lassen sich dort fangen. Vor allem über abwechslungsreichem, steinigem und krautigem Grund ist er oft anzutreffen, da er hier am meisten Nahrung findet.

Seine Nahrung besteht aus allem, was ihm vor's Maul kommt. Meist sind das Fische wie Sandaale, Heringe, Sprotten und kleine Plattfische. Zudem schmecken ihm auch Krabben, Garnelen, Wasserasseln, Würmer und Schnecken.

Ob beim Brandungs-, Schlepp-, Spinn- oder Fliegenfischen – der Dorsch lässt sich auf viele verschiedene Arten fangen. Beim Brandungsangeln kommen meist Köder wie Watt- und Seeringelwurm, Heringsfetzen und Sandaale zum Zug. Während dem Schleppfischen kannst du mit tief laufenden Blinkern und Wobblern erfolgreich sein, beim Spinnfischen fangen die üblichen Küsten-Blinker. Das Fliegenfischen kann dir vor allem beim abendlichen und nächtlichen Fischen an Stränden mit tiefem Wasser Fisch bescheren. Versuche mit dunklen Streamern, Muddlern oder Garnelen-Imitationen solltest du dann nicht auslassen.

Für den Dorsch gilt in Nord- und Ostsee ein Schonmaß von 35 bis 38 Zentimetern – allerdings sollten Exemplare unter 40 Zentimetern generell zurück gesetzt werden.

Hecht *(Esox lucius)*

Besonders im Brackwasser der Bodden, Buchten und Flussmündungen scheint sich der Hecht an der Küste ausgesprochen wohl zu fühlen. Hier bilden Heringe und Stinte die Hauptnahrung und lassen Esox oft zu stattlichen Größen heranwachsen – Exemplare von 30 Pfund und mehr sind, gerade in den Bodden, keine Seltenheit.

Der Körper des Hechtes ist torpedoartig geformt, die Rückenflosse sitzt nahe am Schwanz. Das unterständige, harte Maul reicht bis unter die Augen und besitzt mehrere hundert Zähne. Die Färbung der Flanken variiert von graugrün bis gelb-grün, mit hellen, oft gelblichen Flecken und Streifen durchsetzt. Die Färbung der Brust-, Bauch- und Afterflossen schwankt zwischen bräunlich und rötlich.

Der Hecht bevorzugt Gewässer mit einem guten Bestand an Wasserpflanzen, wobei es auch ein paar tiefere, kältere Zonen geben sollte. Besonders die größeren Exemplare ziehen sich gerne ins Khle zurück. Das passiert besonders dann, wenn sich das flache Wasser im Sommer über 20 Grad erwärmt. Das Wasser darf durchaus einen leichten Salzgehalt bis etwa 1,4 Prozent aufweisen, wie es in den Bodden der Fall ist.

Der Hecht raubt auch im Brackwasser der Bodden und Flussmündungen.
Foto:www.der-angler.de

Hechte gelten, außer in der Laichzeit zwischen Februar und Mai, als Einzelgänger und neigen obendrein zum Kannibalismus. Manchmal sind sie allerdings in kleinen Gruppen anzutreffen, in denen die Fische relativ dicht beisammen stehen. Kleinere Hechte suchen sich meist einen Platz, der Ihnen genügend Deckung bietet, um einen Angriff aus dem Hinterhalt zu starten. Buhnen, Stege, versunkene Bäume, Bereiche mit Seegras, Krautzonen, Schilfkanten, Brückenpfeiler, große Steine und Scharkanten sind beliebte Standplätze. Große Hechte ziehen dagegen im Freiwasser den Herings-, Weissfisch- und Stintschwärmen hinterher. Vor allem in den (Schifffahrts-) Rinnen von Strelasund, Peenestrom, Kubitzer und Greifswalder Bodden rauben oft regelrechte »Monster«.

Frisch abgeschlagene, kleine **Fische**, wie Rotaugen und Heringe, erweisen sich immer wieder als gute Köder für das Grund- und Posenfischen auf Hecht. Am System können sie beim Spinn- und Schleppfischen gute Fänge bringen.

Spinner wie Aglia, Lusox oder Vibrax, meist in Größe 5 oder 6, fingen bereits viele Hechte. Ideal sind Modelle in silbernen oder goldenen Grundtönen mit roten Akzenten und Federn, Wolle, Flashabou, Leuchtschlauch oder Twister am Haken. Diese lassen den Spinner größer erscheinen und zudem etwas auftreiben. Oft reizen erst Spinnstopps den Hecht zum Zupacken. Ein spontaner Richtungswechsel ist ebenfalls ein guter Trick, um unentschlossene Nachläufer zum Anbiss zu bewegen. **Blinker**, wie Effzett, Dr. Heintz oder andere einfache Löffel bilden ebenfalls fängige Hechtköder und werden ähnlich den Spinnern geführt.

Wobbler wie Shad Rap, Husky Jerk, sowohl in natürlichen Farbtönen (Weissfisch, Barsch, Hecht) als auch der bekannte Rotkopf und das »Clown-Design« von Rapala (gelb mit rotem Kopf) kann dir beim Spinnfischen manch guten Hecht bescheren. Die ideale Wobbler-Größe liegt zwischen zehn und 20 Zentimetern. Wobbler solltest du unregelmässig und ruckartig führen, entweder schnell und aggressiv oder eher langsam – je nachdem, auf was die Räuber gerade reagieren. Vor allem im Frühsommer gehen Hechte außerdem gern auf oberflächennah und ruckartig geführte **Popper** und **Jerk-Baits**.

Gummifische bis über 20 Zentimeter Länge in den Farben Perl/Schwarz, Perl/Rot, Perl/Blau kannst du am Jigkopf oder Drachkovitch-System anbieten. Besonders die Firmen Paladin, Sosy und Castaic stellen fängige »Gummis« her. Mit großen, auffälligen **Streamern** kannst du ebenfalls erfolgreich auf Hechte fischen, vor allem, wenn sie sich nach der Laichzeit im Flachwasser aufhalten.

Flunder *(Platichthys flesus)*

Die Flunder ist die in unseren Küstengewässern häufigste Plattfisch-Art und kommt sowohl in der Nordsee als auch in der Ostsee vor. Sie dringt weit in die ausgesüßten Gewässerbereiche vor und wird deshalb auch in küstenfernen Bereichen gefangen. Nur zur Laichzeit zwischen Februar und April strebt sie zum offenen Meer, wo sie in Wassertiefen über 20 Metern laicht. Die Flunder bleibt nach dem Laichen meist im Meer und kehrt nicht mehr ins Süß- oder Brackwasser zurück.

Flunder Foto: www.der-angler.de

Sie besitzt einen ovalen, stark abgeflachten Körper, beide Augen liegen auf einer Seite, die Maulspalte ist relativ klein. Die Oberseite zeigt sich meist bräunlich bis gräulich, mit großen und kleinen, schwarzen und hellbraunen oder orange-gelben Flecken. Die Unterseite ist weißlich und meist dunkel gesprenkelt. Der Körper der Flunder trägt kleine, glatte Schuppen. Sie verfügt außerdem über knorpelige Verdickungen am Kopf, an den Flossenansätzen und an der Seitenlinie. Durch diese Verdickungen kannst du sie gut von der Scholle unterscheiden. Außerdem ist ihre Seitenlinie über der Brustflosse nur schwach gebogen. Die Flunder fühlt sich rau an.

Flundern ernähren sich von Würmern, Schnecken, Garnelen, Muscheln und kleinen Fischen. Sie lassen sich das ganze Jahr über fangen, am besten jedoch in der wärmeren Jahreszeit bis in den Oktober hinein. Die beste Tageszeit ist die Nacht bis in den frühen Morgen hinein. Als Köder werden meist Watt- und Seeringelwürmer auf die Haken gezogen. Aber auch Herings- oder Sandaalfetzen sind oftmals fängige Köder.

Für die Flunder gelten folgende Schonzeiten und Mindestmaße:
Nordsee 23 Zentimeter, Ostsee 25 Zentimeter (Schlei und Trave 20 Zentimeter). Weibliche Flundern sind in der deutschen Ostsee in vom l. Februar bis zum 30. April, in Dänemark vom 15. Februar bis zum 15. Mai geschont.

Kliesche *(Limanda limanda)*

Die Kliesche ist eine in Nord- und Ostsee weit verbreitete Fischart. Sie liebt salziges Wasser und meidet deshalb meist die allzu brackigen Gebiete der Bodden und Flussmündungen. Ihre Färbung ist gleichmäßig, je nach Untergrund meist irgendwie grau bis braun. Streichst du einer Kliesche von hinten nach vorne über den Rücken, so fühlt sie sich rau an. Außerdem fehlen ihr die bei anderen Plattfischen üblichen Flecken, Warzen und Knorpel. Über der Brustflosse zeigt sich ihre Seitenlinie stark gekrümmt.

Kliesche können bis zu 50 Zentimeter lang werden, meist fängt man jedoch Fische um 20 bis 30 Zentimeter. Sie gehen beim Brandungsfischen meist auf Wattwurm, Garnelen und Fetzen. Für die Kliesche gilt in Nord-und Ostsee ein Mindestmaß von 23 Zentimetern.

Scholle *(Pleuronectes platessa)*

Schollen werden vor allem in der Nordsee gefangen, in der Ostsee sind sie hingegen recht selten. Am liebsten halten sie sich über Sandgrund auf, auf Schlick oder Kies eher selten. Sie bevorzugen Wassertiefen über zehn Meter und graben sich in den Boden ein, nur die Augen schauen noch hervor. In der Dämmerung gehen sie dann auf Nahrungssuche, ebenso an dunklen Tagen oder bei Starkwind, wenn das Wasser stark eingetrübt ist. Die Laichzeit der Schollen liegt im Mai und Juni. Ihre Nahrung besteht aus Würmern, Schnecken, Krebsen und kleinen Fischen.

Scholle

Aufgrund der rot-orangefarbenen Punkte auf der Oberseite wird die Scholle auch Goldbutt genannt. Diese Flecken setzen sich auf den Flossen fort. Ansonsten sind Schollen meist grünlich bis bräunlich gefärbt, die Bauchseite ist weiß. Die Oberseite dieser begehrten Plattfisch-Art ist glatt, am Kopf befinden sich allerdings fühlbare, kleine Warzen. Bei guten Lebensbedingungen erreicht die Scholle bis zu sechs Kilogramm und 80 Zentimeter. Die Länge der meisten gefangenen Schollen liegt zwischen 20 und 30 Zentimeter.

Die Scholle wird öfter beim (feinen) Brandungsfischen an der Nordsee, gelegentlich aber auch an der Ostsee gefangen – meist ab Juni und dann bis in den späten Herbst hinein. Als Köder können Watt- und Seeringelwürmer, aber auch kleine Fische und Fetzen verwendet werden. Ein kleines Spinnerblatt vor dem Haken oder Lockperlen machen die Schollen oft erst richtig neugierig. Bei den Haken kommen die Grßen 1 bis 4 in Frage. Es empfiehlt sich, den Köder in Bewegung zu halten und somit eine größere Fläche »abzugrasen«. Das geht am besten mit rollenden Bleien, oder durch das Heranzupfen der Montage.

Für die Scholle gelten folgende Schonzeiten und Mindestmaße:
Nordsee 27 Zentimeter, Ostsee 25 Zentimeter, Schonzeit für weibliche Schollen in der Ostsee in Deutschland vom l. Februar bis zum 30. April, in Dänemark vom 15. Januar bis zum 30. April.

Steinbutt *(Psetta maxima)*

Steinbutt
Foto: www.der-angler.de

Den Steinbutt fängst du hauptsächlich in der westlichen und nördlichen Ostsee. Er ist jedoch relativ selten und kommt nur an wenigen Stellen vor. Zudem lebt er meist als Einzelgänger. Fänge von mehreren Fischen an einem Platz sind deshalb noch seltener. In der Ostsee erreicht dieser Fisch eine Länge von etwa 50 Zentimeter.

Sein fast kreisrunder Körper trägt auf der Oberseite kleine Warzen, die Färbung ist vom Untergrund abhängig. Der Steinbutt hält sich gern über kiesigem bis sandigem Grund auf. Deshalb kommt er oft braun-grau gefleckt daher. Der Rücken fühlt sich beim Darüberstreichen vom Schwanz zum Kopf hin rau an.

Der Steinbutt ernährt sich in erster Linie von kleinen Fischen, aber auch von Würmern und allerlei weiteren Kleintieren. Als beste Köder für den Fang von Steinbutt gelten kleine Heringsfetzen, Sandaale und sogar kleine Pilker um 20 Gramm. Die ideale Fangzeit für Steinbutt liegt im Spätsommer und Herbst. Auch beim Fischen auf Steinbutt benötigst du feines Gerät. Fische also nur Mundschnüre bis höchstens 0,28 Millimeter, Haken in den Größen 2 bis 4 und Laufblei-Montagen.

In der Nord-und Ostsee gilt ein Mindestmaß von 30 Zentimetern, in der Ostsee zudem eine Schonzeit vom 1. Juni bis 31. Juli.

Hornhecht *(Belone belone)*

Blüht der Raps, kommt der Hornhecht in großen Schwärmen an unsere Küsten und ist dort den ganzen Sommer über zu fangen. Fänge von 30 bis 40 Fischen sind dann keine Seltenheit. Am leichten Gerät kann dieser auch als Hornfisch bezeichnete Wasserbewohner den Schweiß auf die Stirn treiben. Da er im Drill oft aus dem Wasser schießt, bezeichnet man ihn auch als »Mini-Marlin«.

Der lange Schnabel und die grünen Gräten machen den Hornhecht unverwechselbar.

Der Hornhecht besitzt einen langgestreckten, grün-silbern schimmernden Körper, ein sehr langes, hartes und schnabelartiges Maul und weit nach hinten gesetzte Rücken- und Afterflossen. Er erreicht eine Größe bis 90 Zentimeter und wird etwa ein Kilogramm schwer. Die grünen Gräten machen ihn unverwechselbar.

Zwischen Ende April und Anfang Mai kommen große Schwärme von Hornhechten zum Laichen an die Küsten. Im Mai und Juni sind die Hornhechte auch in der Ostsee dicht unter Land anzutreffen. Fast alle seewärts gerichteten Küstenabschnitte von Nord- und Ostsee sind dann zum Fischen auf Hornhecht geeignet, sogar die Brackwasserbereiche von Schlei, Bodden und Strelasund.

Meist ziehen die Fische in Ufernähe über flachem Wasser und stellen dort kleinen Heringen, Sandspierlingen und anderen Kleinfischen nach. Besonders tagsüber und bei klarem Himmel sind die Hornhechte aktiv und gut zu fangen. Ab Ende August wandern die Hornhechte wieder von unseren Küsten ab.

Auch Fischchen-Streamer eignen sich zum Fang von Hornhechten.

Häufig wird der Hornhecht mit der Pose gefangen. Dazu verwendest du am besten lange, gut sichtbare Posen, fest oder gleitend montiert. Zwischen Pose und Haken knotest du ein 0,5 bis 1,0 Meter langes Vorfach aus Monofil, etwa 0,30 Millimeter stark. Auf den Einzelhaken in Größen von 1 bis 6 wird ein Seeringelwurm oder ein Fischfetzen von Hering, Plattfisch oder Hornhecht gezogen.

Außerdem kannst du mit kleinen Blinkern, wie dem Hansen Flash, in 16 bis 20 Gramm in rot-gelber Färbung fischen. Dabei solltest du den Drilling durch einen kleinen, sehr scharfen Einzelhaken (2 bis 1/0) ersetzen oder zwischen Drilling und Blinker ein kurzes Stück Schnur anknüpfen. Für die Fliegenrute eignen sich gelbe, rote oder grüne Streamer.

Das Fleisch des Hornhechts ist weiß, zart und sehr delikat, aber grätenreich. Hornhechte werden im Ganzen oder filetiert geräuchert, kurz gebraten oder gedünstet.

Zander *(Stizostedion lucioperca)*

Der Zander ist der größte Süßwasserfisch unter den Barschen in Europa. Reich an Zandern sind viele der Bodden und Haffe, die Elbe und der Nord-Ostsee-Kanal.

Sein Körper ist langgestreckt und besitzt einen spitzen Kopf mit weitem, endständigem und gut bezahntem Maul. Am Ende des Unterkiefers befinden sich zwei große, so genannte Hundszähne. Der Oberkiefer reicht bis hinter das Auge, die Seitenlinie endet erst an der Schwanzflossen-Basis. Der Rücken ist graugrün, an den Seiten sieht man acht bis zwölf schwarzbraune Querbinden, die auch auf dem Schwanz und den beiden Rückenflossen zu finden sind. Die durchschnittliche Größe liegt bei 40 bis 60 Zentimeter, ausgewachsene Fische können bis 1,20 Meter lang und 15 Kilo schwer werden.

Die Laichzeit der Zander liegt meist im April und Mai. Erst lebt die Fischbrut von Zooplankton. Aber bereits mit drei bis fünf Zentimeter Länge fressen Jungzander fremden Laich. Werden sie größer, ernähren sie sich ausschließlich von kleinen Fischen und gehen einzeln oder in Trupps auf die Jagd. Er ist ein Raubfisch, der vorwiegend kleine Fische frißt, mit Vorliebe kleine Stinte.

Zander Foto: www.der-angler.de

Der Zander liebt tiefes, nicht zu klares Wasser. Seine Standorte befinden sich hinter Buhnen und am unteren Ende der Strömung hinter Untiefen und an Abbruchkanten. Tagsüber hält sich der Zander in Bodennähe auf, wo du ihn mit kleinen Fetzen, (halben) toten Köderfischen, Twistern, Gummifischen und Blinkern überlisten kannst. Morgens und am frühen Abend schwimmt er zur Jagd an die Wasseroberfläche, wo er ebenfalls an den Köder geht.

Das Mindestmaß für Zander liegt in Hamburg bei 40 Zentimeter. Vom 1. Januar bis zum 15. Mai ist er hier geschont. In Mecklenburg-Vorpommern gilt ein Mindestmaß von 45 Zentimeter und eine Schonzeit vom 20. April bis zum 31. Mai (an der Küste), in Niedersachsen gelten 35 Zentimeter als Mindestmaß, Schonzeit ist hier vom 15. März bis zum 30. April. An Schleswig-Holsteins Nordsee sind Zander unter 40 Zentimeter geschützt, an der Ostsee hingegen nur Fische unter 35 Zentimeter.

Hering *(Clupea harengus)*

Der Hering ist ein Schwarmfisch. Er lebt im Übergangsgebiet zwischen nördlicher, gemäßigter und polarer Zone. Er kommt nicht nur in Ost- und Nordsee vor, sondern im gesamten Nordatlantik. Auf dem Lebensmittel-Markt ist wohl der am vielseitigsten verwendete Fisch. Rund 19 Prozent des in Deutschland angebotenen Fischs entfallen auf Heringe und Heringsprodukte.

Heringe
Foto: Frank Brodrecht

Unter Wasser fasziniert das Farbspiel des Herings: Der Rücken leuchtet in allen Farben von gelbgrün über blauschwarz bis blaugrün mit einem dezenten Purpurschimmer. Der Bauch ist weiß, die Flanken glänzen silbrig . Als »Silber des Meeres« werden Heringsschwärme auch bezeichnet. Als gefangener Fisch sieht er jedoch eher unscheinbar grünblau aus. Er besitzt glatte Kiemendeckel, leicht lösbare Schuppen ohne Dornen sowie ein oberständiges Maul. Die Bauchflosse des Herings sitzt hinter dem vorderen Ende der Rückenflosse. Heringe erreichen Längen bis etwa 40 Zentimeter, wobei die normale Größe jedoch eher bei 20 Zentimetern liegt.

Heringe leben von tierischem Plankton. Sie selbst werden oft Beute vieler Fische und anderer Meerestiere, sind also für das marine Ökosystem von großer

Bedeutung. Im Frühjahr zieht der Hering in großen Schwärmen zum Laichen in die seichten und pflanzenreichen Küstenabschnitte der Ostsee. Zu dieser Jahreszeit ist er auch vor der Küste Rügens und in den Boddengewässern anzutreffen. In den Monaten Februar bis Mai herrscht hier Hochsaison für die Heringsangler. Ebenfalls im April ist das Heringsangeln im Strelasund äußerst beliebt. Der Hering wandert zum Laichen von der Ostsee durch den Sund in die Bodden und wieder zurück. Der Rügendamm verbindet das Festland und die Insel Rügen an der schmalsten Stelle. Hier zwängen sich die Heringsschwärme förmlich durch die Sund-Enge.

Beste Fangstellen sind die Schlei bei Kappeln, die Eckerförder Bucht, die »Hörn« in Kiel, die Molen in Travemünde, Wismar, Rostock, Warnemünde und Wismar. Die beste Fangzeit liegt zwischen Ende März und Anfang Mai.

Heringe kannst du mit Spinn- oder Grundruten und speziellen Heringspaternostern, also Goldhaken mit Fischhaut, sowie mit rot-weißen, roten oder gelben »Heringsbleien« fangen. Statt der Bleie lassen sich außerdem größere, glänzende Blinker ohne Haken als Beschwerung und »Teaser« verwenden.

Meerforelle *(Salmo trutta)*

Die Meerforelle, der »Fisch der 1000 Würfe«, gehört sicherlich zu den schönsten und begehrtesten Fischen, die sich an unseren Küsten und in küstennahen Gewässern fangen lassen. Wer schon einmal einen »Silberpfeil« am Haken und im Kescher hatte, kann das nachvollziehen. Die Kampfkraft und Ausdauer dieses Fisches zieht jeden Angler in Ihren Bann.

Intensive Besatzmaßnahmen in Deutschland, Dänemark, Schweden und Polen ließen die Bestände in Nord- und Ostsee, vor allem seit Anfang der 1990er-Jahre, wieder enorm ansteigen. Genauso trugen zahlreiche Renaturierungs-Projekte an ins Meer mündenden Wasserläufen ihren Teil zur Rückkehr dieses wunderschönen und faszinierenden Fisches bei. Leider macht die kommerzielle Fischerei einen erheblichen Teil wieder zunichte. Dennoch lohnt es sich wieder, den Meerforellen gezielt auf die Schuppen zu rücken.

In Nord-und Ostsee warten feiste Meerforellen auf dich.
Foto: Stefan Nölting

Biologie

Im Salzwasser besitzen Meerforellen meist ein silberblankes Äußeres, mit schwarzen, meist x-förmigen Flecken auf den Flanken und losen Schuppen. Der Rücken präsentiert sich schwarz bis grünlich blau, der Bauch weiß.

Wie der Lachs steigt auch die Meerforelle zum Laichen in die Flüsse auf, wobei es nicht unbedingt der Heimat-Fluss sein muss – Hauptsache Süßwasser. Meerforellen steigen gegenüber den Lachsen meist noch wesentlich weiter in die Oberläufe der Flüsse und Fluss-Systeme auf und finden sich somit auch in teilweise extrem schmalen und flachen Wasserläufen. Außerdem scheinen sie eher moorige Flüsse zu bevorzugen.

Der Laichaufstieg findet in der Zeit von Mai bis etwa September statt, wobei die größeren Exemplare meist den Anfang bilden. Die im Sommer und Herbst aufsteigenden Meerforellen sind meist kleiner. Starke Regenfälle und hohe Wasserstände begünstigen den Aufstieg. Bei trockener Witterung und niedrigen Wasserständen verharren die Fische jedoch in den Flussmündungen und werden dort auch gefangen. Das Laichen findet zwischen November und Januar statt. Anschließend folgt die Rückkehr ins Meer, die Fische erholen sich langsam und fangen wieder an zu fressen.

Gerade im Winter-Halbjahr gehen an Küste und Mündungen allerdings gelegentlich »verfärbte« Meerforellen an den Haken. Diese so genannten Absteiger kehrten aus den Flüssen zurück und tragen noch ihr Laichkleid mit festsitzenden Schuppen. Diese Fischen sollte jeder Angler unbedingt zurücksetzen (siehe auch Schonzeiten). Ganz klar ist es verlockend, den schönen, bunten Zehnpfünder einfach mitzunehmen. Es gilt jedoch als absolut unsportlich und man macht sich damit nicht wirklich beliebt. Zudem sind die vom Laichstress ausgemergelten Fische zum Essen eher weniger geeignet – sie schmecken einfach nicht. Ihr Fleisch ist faserig und trocken.

Jedoch beschäftigen sich längst nicht alle großen Meerforellen im Herbst und Winter mit dem Laichen. Die als Überspringer bezeichneten Fische lassen eine Laichperiode aus und gehen auch zu dieser Zeit an der Küste auf den Köder.

Selbst wenn sich Meerforelle zum Beispiel gegenüber dem Lachs allgemein als widerstandsfähiger erweisen, so meidet sie doch Wassertemperaturen von über 17 Grad. Zeigt das Thermometer unter 3 Grad an, ziehen sich Meerforellen oft in salzärmere Meeresteile zurück, wie Förden und Buchten oder Flussmündungen.

Gerade kleinere, noch nicht geschlechtsreife Exemplare bis 50 Zentimeter (»Grönländer«) ziehen im Winter gern in die Flüsse und bleiebn dort, bis es wieder wärmer wird. Besonders in den Nordsee-Zuflüssen ist dieses Phänomen zu beobachten, da das Wasser der Nordsee einen höheren Salzgehalt aufweist, als das der Ostsee und der Boddengewässer. Und allzu salziges, warmes oder sehr kaltes Wasser beeinträchtigt auf Dauer den Stoffwechsel der Meerforellen.

Das Durchschnittsgewicht von Meerforellen aus der Ostsee liegt bei etwa zwei Pfund, die Länge beträgt dann etwa 45 bis 50 Zentimeter. Aber auch der Fang eines Fischs um die 60 Zentimeter ist jederzeit möglich und keine Hexerei. Und die ganz großen, fünf bis zehn Kilogramm schweren und 70 bis 100 Zentimeter langen Exemplare sind einfach seltener. Somit kann sich der Angler durchaus als Glückspilz bezeichnen, dem der Fang eines solchen »Silberbarrens« gelingt.

In der Nordsee sieht alles etwas anders aus. Einerseits unterscheiden sich die Nordsee-Stämme in Wachstum und Gestalt meist etwas von den Ostsee-Forellen. Die hier gefangenen Fische sind oftmals größer und »bulliger«, dafür aber auch seltener und schwieriger zu fangen.

Forellen wie diese »75er« bilden an unseren Küsten eher die Ausnahme.

Plätze und Zeiten

Allgemein kannst du davon ausgehen, dass die Meerforelle eher an der Küste und ufernah anzutreffen und zu fangen ist. Allerdings gehen beim Schleppfischen fern der Küste oftmals gerade die großen, bis 20 Pfund schweren, auch »Heringsfresser« genannten Fische an den Köder.

Meerforellen lassen sich praktisch an der gesamten Ostseeküste fangen. Verglichen mit der Nordsee sehen die Bedingungen hier wesentlich besser aus, was am »süßeren«, klareren und sauerstoffreicheren Wassers liegt. Die vielen Besatz-Projekte im In- und Ausland führten außerdem zu stärkeren Beständen.

An der Ostseeküste erkennst du einen guten Meerforellen-Platz meist am »Leopardengrund«. Er besteht aus Sand, Steinen, Tang und Muschelbänken.

Ein gutes Zeichen sind auch Steilküsten. Hier ist das Wasser meist tiefer, der Grund eher steinig. Gibt es an diesen Stellen sogar noch einen Süßwasser-Zulauf, passen die Bedingungen perfekt. Die Förden und Buchten stellen deshalb gute Reviere dar, aber auch in den Bodden und um die Inseln herum gibt es viele »heiße« Stellen.

Die beste Zeit zum Küstenangeln auf Meerforelle liegt eindeutig im Frühjahr. Besonders in den Monaten März und April, etwa ab einer Wassertemperatur von 6 Grad, beschäftigen sich die Fische nur noch mit der Jagd. Im Sommer liegt die ideale Angelzeit in der Dämmerung und in der Nacht. Naht der Herbst naht, kommen die im Meer verbliebenen »Strandräuber« auch am Tage wieder in Ufernähe. Die Chancen steigen. Der Winter kann bei milder Witterung ebenfalls gutes Meerforellen-Fischen bieten.

Diese frisch aufgestiegene Meerforelle stammt aus einer dänischen Nordsee-Aue. An den Unterläufen dieser kleinen Flüsse fangen nicht nur Fliegenfischer. Foto: Frank Brodrecht

An der Nordsee kannst du an den Mündungen der dänischen Auen und Fjorde Meerforellen fangen. In Hafenbecken und an Molen lohnt immer ein Versuch mit der Spinnrute und schlanken Blinkern. Auch an Stränden mit kiesigem und mit einzelnen Steinen durchsetztem Grund kann es klappen.

Interessant für Meerforellenangler sind auch die Mündungsbereiche der Elbe und ihrer Nebenflüsse Stör, Pinnau, Krückau, Este und Oste. An den Kühlwasser-Einläufen der Kraftwerke bestehen ebenfalls Chancen. Jedoch entsprechen die Möglichkeiten längst nicht dem Niveau an der Ostsee. Die Fangzeiten decken sich jedoch mit denen des Baltischen Meeres.

Fischreiche Sperrzonen – direkt an den Mündungen der Nordsee-Auen ist das Angeln meist verboten.

Regenbogenforelle *(Oncorhynchus mykiss)*

Die Heimat der Regenbogenforelle (Oncorhynchus mykiss) liegt ursprünglich in Nordamerika. Ende des 19. Jahrhunderts erfolgte die Einbürgerung in Europa, da sich die Fischart gegenüber der im Laufe der Industrialisierung immer weiter steigenden Gewässer-Verschmutzung verglichen mit der Bachforelle als sehr widerstandsfähig entpuppte. Weiter eignete sich die Regenbogenforelle ideal als Zuchtfisch, der sich auch in stehenden, warmen oder salzhaltigen Gewässern wohl fühlt. Regenbogenforellen vertragen problemlos Wassertemperaturen bis über 20 Grad Celsius.

Vor allem in Dänemark, aber auch bei uns in Deutschland wurde und wird diese Forellenart mit Erfolg im Salzwasser der Ostsee gezüchtet, hauptsächlich in Netzgehegen. Und genau das macht diesen Fisch für Küstenangler interessant. Denn besagte Gehege können schnell einmal Ihren Inhalt ins Meer abgeben, vor allem durch Sturmschäden.

Aus diesem Grund tummeln sich in der Ostsee verhältnismäßig viele »verwilderte« Regenbogenforellen. Oft werden im Salzwasser lebende Regenbogenforellen als »Steelheads« (sprich : »sdielhäds«, englisch für »Stahlkopf«) bezeichnet. Die eigentliche, in Nordamerika vorkommende Steelhead ist jedoch eine eigene, wenn auch eng verwandte, anadrome Art, die sich ähnlich wie die Meerforelle verhält.

Geballte Kraft in Silber – die Regenbogenforelle gilt als große Kämpferin.
Foto: Frank Brodrecht

Im Salzwasser sind Regenbogenforellen silberblank, haben also optisch nichts mit der gewöhnlichen »Teichforelle« zu tun. Im Verhältnis zur Meerforelle fehlen die markanten schwarzen Flecken auf den Flanken. Regenbogner tragen sehr viel kleinere Flecken, die sich ebenfalls auf der Schwanzflosse finden. Außerdem wirk der Neubürger gedrungener und kräftiger. Oftmals ist auch die Schwanzflosse leicht verstümmelt oder beschnitten – eben ganz Zuchtfisch.

Ihre Kampfkraft beeindruckt allerdings jeden Angler. Denn sie legt sich im Drill meist mehr ins Zeug, als eine Meerforelle gleicher Größe. Wirklich große Fische sind allerdings selten. Normale Größen liegen meist zwischen 40 und 60 Zentimeter.

Dass sie im Meer relativ selten beim Spinnfischen gefangen wird, liegt vor allem daran, dass sich Verhalten und Speiseplan von dem der Meerforelle grundlegend unterscheiden. Die Nahrung der Regenbogner besteht meist aus Tangläufern, Garnelen und anderen Kleinlebewesen, seltener jedoch aus kleinen Fischen. Nur frisch »geflüchtete« Fische gehen in der ersten Zeit aus lauter Gier auf alles los, was ihnen vor das Maul schwimmt.

Nach einiger Zeit finden die Forellen jedoch zu Ihren Wurzeln zurück und fressen fast ausschließlich Kleinlebewesen. Wer also gezielt Salzwasser-Regenbogner fangen möchte, sollte das bedenken und lieber einen Versuch mit Fliege oder Spinner am Sbirolino, als mit einem 26 Gramm schweren Küstenwobbler wagen. Sie mit letzterem überlisten zu wollen, wird sich schnell als nahezu aussichtslos herausstellen.

Kleine Mepps-Spinner lassen sich mit Hilfe von Sbirolinos besonders weit werfen.

Außerdem neigen Regenbogenforellen dazu, sich ganzjährig in salzärmeren und flacheren Bereichen aufzuhalten und zu fressen. Dieser Faktor sollte deshalb unbedingt in die Wahl der Angelstelle mit einfließen. An der Ostsee sind vor allem die Förden und Buchten heiße Plätze. Hier solltest du Muschel- und Krautbänke, Riffe und die Nähe zu Süßwasser-Zuläufen suchen. Besonders die

Neustädter und Eckernförder Bucht sind immer einen Versuch wert. Auch in den Bodden taucht sie immer wieder auf.

Sogar an der Nordsee kann man ein erfolgreiches Fischen erleben. Einige dänische Auen weisen ebenfalls einen guten Bestand auf und die Regenbogenforellen dringen hier bis in die brackigen Mündungen vor.

Lachs *(Salmo salar)*

Der atlantische Lachs (Salmo salar) kommt ebenfalls in der Nord- und Ostsee vor, verglichen mit der Meerforelle jedoch seltener. Der »König der Fische« erreicht hier Gewichte bis über 50 Pfund.

Biologie

Lachs oder Meerforelle? In diesem Fall eine Mischung aus beidem.

Die Lachs-Stämme der Ostsee wandern meist nicht in den Atlantik und vor die Küste Grönlands. Sie bleiben in der Ostsee und ernähren sich hier vor allem von Heringen und Sprotten, die ihnen auch die charakteristische, helle Fleischfärbung verleihen. Die Lachse der Nordsee-Zuflüsse hingegen wandern in Richtung Grönland und ernähren sich dort vor allem von Garnelen. Ihr Fleisch besitzt deshalb die typische rötliche Färbung.

Manchmal kommt es zu Verwechslungen von Lachsen mit großen Meerforellen. Doch die Unterschiede sind deutlich. Ein Angler, der beide Arten bereits in der Hand hatte, wird ihn sofort erkennen. Zum einen besitzt der Lachs eine stark eingebuchtete Schwanzflosse, die der Meerforelle schließt gerade ab. Schwarze Punkte/Flecken tragen die Flanken beider Fische, beim Lachs liegen sie jedoch weitgehend nur oberhalb der Seitenlinie.

Beim Lachs reicht die Maulspalte nur bis auf Höhe des Auges, bei der Meerforelle geht sie darüber hinaus. Letztlich kannst du den Lachs problemlos an der Schwanzwurzel halten und hochheben, die Forelle rutscht aus der Hand.

Es kommen jedoch auch Kreuzungen beider Arten vor. Sie stellen allerdings die absolute Ausnahme dar und sind außerdem nicht fortpflanzungsfähig.

Plätze und Zeiten

Generell halten sich Lachse eher über tieferem Wasser auf und kommen im Uferbereich also nur selten vor. Jedoch hatten meine Freunde und ich in den letzten Jahren mehrere, offensichtliche Lachskontakte beim Watfischen in der Ostsee um Kiel, denen jeweils Fluchten von über 100 Metern folgten. Einmal zog uns ein Fisch sogar die gesamte Schnurspule leer, der Spulenknoten riss.

Im Gegensatz zur Meerforelle, die im Drill eher auf der Stelle »tanzt« oder sogar auf dich zuschwimmt, entwickelt der Lachs eine gewaltige Energie und Ausdauer. Die rasanten Fluchten gehen meist einfach geradeaus – immer in Richtung Horizont. Kein Wunder: Denn Lachse können das 28-fache ihres eigenen Körpergewichts ziehen.

Reelle »Fangchancen« bestehen eigentlich nur in der südlichen und östlichen Ostsee, etwa ab Rügen ostwärts. Hier wird die Ostsee tiefer und »süßer«. Besonders gute und ergiebige Reviere finden Angler deshalb um die Inseln Rügen und Bornholm sowie vor der gesamten schwedischen Küste. In der westlichen Ostsee hingegen gilt der Lachs eher als Zufallsfang.

An der Nordsee, vor allem vor der dänischen Küste, bestehen zur Zeit des Aufstiegs Chancen in den Mündungen der Konge Au, Skjern Au und Karup Au, um nur einige zu nennen. An der deutschen Nordseeküste muss der Fang eines Lachses als großes Glück gelten.

Aland *(Leuciscus idus)*

Der Aland wird auch Orfe, Nerfling, Geese oder Jeese genannt und ist ein naher Verwandter des Döbels. Das Maul des Alands ist endständig und seine Augen besitzen eine messinggelbe Iris. Der Rücken bis zur Seitenlinie zeigt sich meist graublau, die Seiten sind silbrig gefärbt, in der Laichzeit messingfarben, der Bauch ist hell. Seine Schwanzflosse ist graublau, die Afterflosse eher braunrot, die paarigen Flossen sind rötlich. Die dunklere Schwanzflosse verfügt über eine tiefe Gabelung. Der Aland erreicht eine Größe bis 70 Zentimeter und ein Gewicht von etwa vier Kilogramm.

Verschiedene Weissfische

Du findest den Aland in den Unterläufen von Flüssen wie der Elbe. Er lebt meist in kleineren Gruppen, teilweise auch einzeln. Der Aland hält sich in den Sommermonaten meistens an der Oberfläche, in der Strömung hinter Brückenpfeilern, Pfählen und Buhnenköpfen sowie über Sand- und Kiesbänken auf.

Im zeitigen Frühling unternehmen Alande Laichwanderungen. Die eigentliche Laichzeit reicht von April bis Juni. Die Eier werden auf Kies, Sand oder Wasserpflanzen abgelegt. Auffallend ist dabei das goldglänzende »Hochzeitskleid« der Fische. Bei den Männchen findet man kleine Laichwarzen an Kopf, Rumpf und Brustflossen.

Alande ernähren sich von Plankton, Insekten, Fischlaich, Algen, Krebsen, Würmern, Insektenlarven. Fangen kannst du die Fische sowohl mit kleinen Spinnern an der Oberfläche, als auch beim Grund-, Posen- und Fliegenfischen. Fängig sind gekochter Weizen, Regen- und Mistwürmer, Maden, kleine Blinker und Spinner, Twister sowie Trockenfliegen. Die beste Zeit auf Alande liegt zwischen März und Oktober. Tipp: Im Frühjahr und Herbst tief, im Sommer eher flach fischen.

Brassen *(Abramis brama)*

Brassen halten sich gern in tiefem, langsam fließendem Wasser auf. Vor allem in den Unterläufen der Flüsse, der »Brassen-Region«, fühlen sie sich wohl und vertragen sogar einen leichten Salzgehalt des Wassers. In den Bodden ist der Brassen ebenfalls zuhause und wächst hier teilweise zu ansehnlichen Größen heran. Brassen können bis zehn Kilogramm schwer und 80 Zentimeter lang werden.

Brassen. Foto: www.der-angler.de

Der Brassen besitzt einen hohen, seitlich stark abgeflachten Körper. Sein hervorstülpbares, unterständiges Maul ermöglicht es, Nahrung vom Grund aufzusammeln. Der Rücken ist hellgrau, manchmal blauschwarz, die Seiten grau, oft mit einem gelbgrünen Schimmer, der Bauch grau oder graugelb. Außer den helleren paarigen Flossen weisen alle anderen eine grau-schwarze Färbung auf. Brassen laichen zwischen April und Juli. Die Eiablage erfolgt abhängig vom Laichplatz auf Sand, Kies oder Wasserpflanzen.

Jüngere Brassen fressen überwiegend Zooplankton, größere Fische gehen auf Kleinlebewesen wie Schnecken, Schlammröhrenwürmer und Zuckmcken-Larven über. Die scheuen Alttiere kommen übrigens meist erst in der Dämmerung in die Uferzone und durchwühlen dort den Boden.

Das Gerät für den Fang von Brassen kann gern etwas »schwerer« ausfallen. Grund-, Match- und leichte Karpfenruten passen ideal. Der Durchmesser der Hauptschnur sollte eher bei 0,25 bis 0,28 Millimetern liegen, beim Vorfach sind 0,20 Millimeter realistisch. Als optimale Brassenköder stellten sich Maden, Tauwürmer oder Stücke davon, Rotwürmer, Wespenmaden, Brot, Boilies und Erbsen heraus. In der Regel musst du ordentlich anfüttern, um einen Brassen-Schwarm an den Platz zu bekommen und dort zu halten. Der Köder wird am Grund angeboten, entweder an der Pose oder am Grundblei. Die günstigste Zeit zum Fang von Brassen liegt zwischen Juni und Oktober.

Rapfen *(Aspius aspius)*

Obwohl er zu den Karpfenartigen zählt, ernährt sich der Rapfen räuberisch. Er erreicht bei einer Länge bis etwa 95 Zentimeter bis zu neun Kilogramm. Der Körper ist schlank und verjüngt sich hinter dem Waidloch kielartig. An ausgewachsenen Fischen entwickelt sich hinter dem Kopf eine Art Buckel. Der Körper des Rapfens ist graublau, der Rücken dunkelgrün, der Bauch weiß gefärbt. Abgesehen von der grauen Rücken- und Schwanzflosse sind seine Flossen rötlich. Die Schuppen besitzen eine eher kleine Größe. Besonders fällt das stark oberständige Maul des Räubers auf. Angler schätzen ihn besonders aufgrund seiner Kraft und Schnelligkeit.

Alande gehen im Sommer unter anderem auf kleine, flach geführte Spinner.
Foto: www.der-angler.de.

Rapfen kannst du oft in den Unterläufen der Flüsse fangen, besonders in der Elbe, aber auch im Brackwasser der Ostsee. Die Fische laichen zwischen April und Juni, je nach Wassertemperatur. Sie ziehen stromaufwärts, bis sie steinigen oder kiesigen Grund vorfinden. Die klebrigen Eier werden dann inmitten von Steinen abgelegt und befruchtet. Schon zehn bis zwölf Wochen nach dem Schlüpfen ernähren sich die Jungfische von anderen kleinen Fischen. Damit erklärt sich das schnelle Wachstum von Rapfen. Nach nur einem Jahr können Jungrapfen über ein Pfund auf die Waage bringen.

Auf ihren Beutezügen durchstreifen Rapfen die oberen Wasserschichten. Futterfische greift er vom Morgengrauen bis zur Abenddämmerung mit viel Getöse an. An Stellen mit Kleinfisch-Schwärmen rauben schon mal mehrere Fische zugleich. Die größeren Exemplare leben als Einzelgänger am liebsten in Altarmen und in den ruhigen Bereichen oberhalb von Schleusen. Jedoch jagen Rapfen zudem in der direkten Strömung und an der Strömungskante hinter Brckenpfeilern nahe der Oberfläche.

Auf Rapfen kannst du mit Spinn- und Fliegenrute fischen. Ideal ist eine Meerforellen-Rute in 3,00 bis 3,30 Metern Länge und 0,25 bis 0,28 Millimeter starkes Monofil. Als Köder kommen Spinner, Küstenblinker und Gummifische in Frage. Wichtig in vor allem, dass du den Köder schnell führst. Die beste Zeit auf Rapfen liegt zwischen Juli und September.

Makrele *(Scomber scombrus)*

Als »Sommergäste« kommen die Makrelen alljährlich ab Juni in die Küstengewässer von Nord- und Ostsee. Erst im Spätsommer verschwinden sie wieder in südlichere Gefilde.

Makrelen sind mit den Thunfischen verwandt, was bei genauerer Betrachtung gut zu erkennen ist. Die Makrele besitzt einen stromlinienförmigen, seitlich abgeflachten Körper und einen auffallend dünnen Schwanzstiel. In der Nähe der Schwanzflossenwurzel befinden sich an Rücken und Bauch je vier oder fünf kleinere Flossen. Die beiden Rückenflossen kann die Makrele anlegen, dadurch verringert sich der Wasserwiderstand. Das Schuppenkleid ist sehr farbenfroh. Der Rücken schimmert metallisch türkis und ist von dunklen Querstreifen durchzogen. Die Flanken präsentieren sich silbrig und schimmern in allen Regenbogenfarben, insbesondere rosa, gold, violett und blau Das besondere an der Makrele ist, dass sie keine Schwimmblase besitzt und deshalb sehr schnell unterschiedliche Wassertiefen aufsuchen kann, ohne vom Druckausgleichsystem der Schwimmblase abhängig zu sein. Die Makrele wird bis zu 50 Zentimeter lang und erreicht ein Gewicht von 1 bis 1,5 Kilo.

Sie ist ein Schwarmfisch, der sich meist dicht unter der Wasseroberflche aufhält. Als räuberischer Wanderfisch folgt sie gern den Sprottenschwärmen, ernährt sich jedoch ebenfalls von anderen Kleinfischen und Kleinstlebewesen.

Meist werden Makrelen in der Nordsee von Booten und Molen aus mit Feder-Paternostern erbeutet. Als fängig erwiesen sich außerdem kleine Fetzenköder an der Posen-Montage. Das Spinnfischen mit kleinen Blinkern und Spinnern sowie das Fliegenfischen mit Streamern kann ebenfalls gute Ergebnisse bringen.

Das Fleisch der Makrele ist rötlich, fest und sehr fett. Nach dem Fang sollten Makrelen deshalb sofort ausgenommen und kühl gelagert werden. Bringst du die Fische glücklich frisch nach Hause, kannst du dich auf eine Delikatesse freuen. Egal ob gebraten, gegrillt, geräuchert oder sauer eingelegt – Makrelen schmecken hervorragend. Optimal versorgte Fische eignen zudem gut zum Einfrieren. Außerdem sind Makrelen ein exzellenter Raubfisch-Köder.

Wolfsbarsch *(Dicentrarchus lupus)*

Der auch als Seebarsch bezeichnete Wolfsbarsch war früher ein eher seltener Irrgast vor unseren Küsten. Inzwischen kommt er jedes Jahr, etwa im Juni, bis in die deutsche und dänische Nordsee und dringt sogar bis in die nördliche Ostsee vor. Er ist ein Räuber, der in der Regel in kleineren Trupps unterwegs ist. Große Wolfsbarsche sind hingegen meist Einzelgänger. Da Wolfsbarsche jedoch sehr langsam wachsen, kommen kapitale Exemplare selten vor. Große Wolfsbarsche werden im Sommer am ehesten von den Molen der ostfriesischen Inseln aus gefangen – besonders Wangerooge ist für große Fische gut. Ausnahme-Fische erreichen bis zwölf Kilogramm und kommen auf über einen Meter Länge. In den meisten Fällen wirst du jedoch etwa 30 Zentimeter lange Fische fangen.

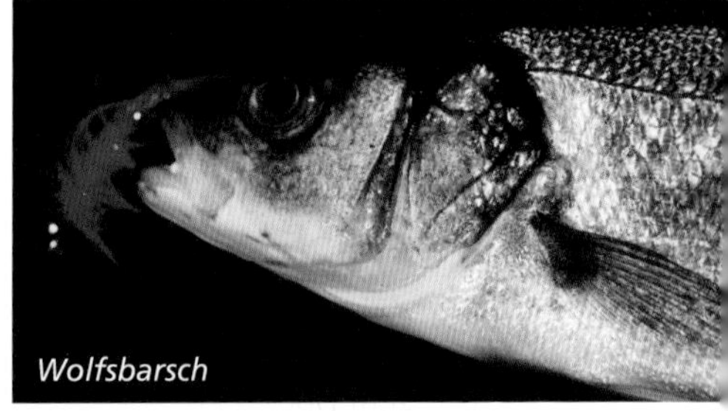
Wolfsbarsch

Wolfsbarsche besitzen, wie andere Barschartige im Süßwasser, zwei Rückenflossen. Dabei trägt die vordere Stachelstrahlen. Wolfsbarsche besitzen ein gleichmäßig graues Schuppenkleid.

Die Fangzeit an der Küste reicht von Mai bis in den Spätherbst. Besonders bei bedecktem Himmel und auflaufendem Wasser suchen sie oft flache, sandige Stellen auf, um dort kleine Fische, Würmer, Krabben und andere Nahrung zu jagen. Strömungsreiche Gewässerabschnitte sind dabei wegen des reichlicheren Futteraufkommens auf jeden Fall zu bevorzugen.

Wolfsbarsche gehen beim Brandungs-, Spinn-, und Fliegenfischen an den Haken. Vor allem an Stellen wie Hafenausfahrten, Dämmen und Molen kannst du mit Glück gleich mehrere dieser kampfstarken Fische fangen. Zum Spinnfischen auf Wolfsbarsch kommen Spinner, Wobbler und Blinker in Frage, beim Fliegenfischen vor allem Streamer. Auch beim Posenfischen mit Fetzenködern und beim Brandungsangeln mit Seeringelwürmern, weichen Krabben oder kleinen, toten Köderfischen werden gelegentlich Wolfsbarsche erbeutet.

Meeräsche, dicklipppige *(Mugil labrosus)*

Die Meeräsche ist ebenfalls ein Sommergast vor unseren Küsten und im Brackwasser der Flussmündungen. Oft kommt sie in größeren Schwärmen an die Küste. In Nord- und Ostsee ist die Meeräsche seit einigen Jahren vermehrt zu finden und lässt sich manchmal auch fangen. Allerdings ist das ein schwieriges Unternehmen, da sich die Meeräsche vor allem von Algen und Kleinstlebewesen ernährt. Spezialisten kommen jedoch mit verschiedenen Methoden zum Einsatz. Für die einen ist es das Fliegenfischen mit in Duftstoffe getauchten Mini-Fliegen, für andere eher das Stippen mit Teig oder Made vor Molen und in Häfen. Manchmal gehen Meeräschen auch auf kleine Spinner und Blinker.

Falls du in einem Hafen Meeräschen entdeckst, solltest du versuchen, sie mit (Weiß-) Brot anzufüttern, um die Fische am Platz zu halten. Dennoch wird es schwierig sein, einen dieser leckeren Fische an den Haken zu bekommen – eine echte Herausforderung also.

Naturköder

Wattwurm

Der beliebteste Naturköder an den Küsten von Nord- und Ostsee ist ganz klar der Wattwurm. Vom Dorsch bis zum Plattfisch, vom Aal bis zur Meerforelle stehen fast alle Fische darauf. Aber auch im Brackwasser und sogar im Süßwasser bildet er einen Top-Köder für viele verschiedene Fischarten. Manchmal bietet der Fachhandel auch in Salz konservierte »Wattis« an.

Wattwürmer gehören zu den Röhrenwürmern und werden als »Sinkstoff-Fresser« bezeichnet. Sie leben im Sand und Bodenschlamm von Nord- und Ostsee, sind teilweise aber auch in leicht eingesüßten Bereichen zu finden. Sie bilden U- förmige Röhren, deren Enden nach oben führen. Das eine Ende nutzt der Wurm zum Fressen, aus dem anderen scheidet er seinen Kot aus. Durch diese Hinterlassenschaften, die ähnlich wie der Wurm selbst aussehen, können wir den Aufenthaltsort der begehrten Tiere ausmachen.

Im Gegensatz zu Seeringelwürmern gibt es bislang keine Zuchten für Wattwürmer. Meist handelt es bei gekauften Wattwürmern um niederländische Importware. Nahezu alle norddeutschen und dänischen Angelhändler haben diesen fängigen Köder jederzeit vorrätig. Du solltest dir jedoch sicherheitshalber einige Tage im Voraus die gewünschte Menge an Würmern bestellen.

Die beste Qualität erhältst du dort, wo die Würmer in »belüfteten« Salzwasser-Becken gehältert werden. Bei einem Stückpreis von etwa 20 Cent darf dann auch alles stimmen. Schlaffe und zu kleine Exemplare solltest du dem Verkäufer zurückgeben. Die beste Verpackung ist einfaches Zeitungspapier. Nach dem Kauf müssen die Wattwürmer bei Temperaturen unter 8 Grad Celsius kühl gehalten werden, damit sie frisch bleiben.

Wattwürmer sind an Nord- und Ostsee die Nummer 1.

Natürlich kannst du die Wattis auch selbst graben. Als Ausrüstung genügen Gummistiefel, Forke, Eimer und einen scharfer Blick. Denn die Tiere verraten sich an der Schlick-Oberfläche durch die bereits erwähnten Häufchen. An solchen Stellen gräbst du etwa 30 bis 60 Zentimeter tief um und durchsuchst dann den Aushub. Im Watt ist das nicht überall erlaubt, da weite Teile unter Naturschutz stehen.

In der Ostsee wird meist »geplümpert«. Dabei werden die Wattwürmer mittels einer durch einen Besenstiel verlängerten Abfluss-Saugglocke aus ihren Verstecken gepumpt und dann mit einem feinmaschigen Kescher eingesammelt. Dazu sucht man sich fein-sandige oder schlickige und etwa knie- bis hüfttiefe Stellen im Uferbereich. Selbst gesammelte Wattwürmer werden mit Salzwasser abgespült und in Zeitungspapier, oder besser noch in feuchtem Seetang aufbewahrt. Doch auch in der Ostsee ist das »Wattwurm-Pumpen« nicht überall erlaubt «. Interessierte sollten sich deshalb vor der Suche über die Naturschutz-Bestimmungen vor Ort informieren.

Seeringelwurm

Der auch Borstenwurm genannte Seeringelwurm ist als Köder die Nummer 2 an der Küste. Charakteristisch sind neben den auffälligen, längsseitigen Borsten vor allem die beiden ausgeprägten Kopfzangen. Der Wurm kann sie ausfahren und wirkungsvoll damit zwicken.

Viele Küsten-Fische mögen den Seeringelwurm.

Auch die Seeringler besitzen eine Wohnröhre. Im Gegensatz zu Wattwürmern, die stets in ihrer Behausung bleiben, bewegen sich Seeringelwürmer auch außerhalb davon. Sie sind insgesamt aktiver, gelten als nachtaktiv und bewegen sich meist auf und über Sandgrund, der sich mit Stein- und Tangfeldern abwechselt. Gerade im März / April, wenn die Seeringelwürmer »Hochzeit feiern«, sind sie ein unschlagbarer Köder zum Fang von Meerforellen, Dorschen und Plattfischen, die sich dann die Bäuche mit den borstigen Gesellen füllen. Aber auch zu allen anderen Jahreszeiten wird dieser Köder von fast allen Küstenfischen gerne genommen.

Tipp: Wer mit zwei Ruten zum Brandungsangeln geht, benötigt für einen sechsstündigen Ansitz mindestens vierzig bis sechzig Watt- oder Seeringelwürmer. Da zerbissene und ausgelaugte »Lappen« keine mehr Fische fangen, sollten alle zwanzig Minuten frische Würmer auf-

Watt-und Seeringelwürmer lassen sich mit speziellen Ködernadeln sauber auf die Haken bringen. Foto: Frank Brodrecht

gezogen werden. Das geschieht am Besten mit einer Ködernadel, auf die drei, vier Würmer der Länge nach aufgezogen werden. Die Hakenspitze wird dann in das hohle Nadel-Ende gehängt, die (Mund-) Schnur gespannt. Die Würmer lassen sich dann über die ganze Länge auf Haken und Schnur aufziehen.

Tauwurm, Rotwurm und Made

Der Tauwurm ist der größte Vertreter unserer einheimischen Wurmarten aus der Familie der Ringelwürmer. Er wird bis 25 Zentimeter lang und sechs bis neun Millimeter dick. Vor allem im Brackwasser bildet er einen äußerst brauchbaren Köder.

Ob in Mündungen oder Bodden: mit diesem Allround-Köder kannst du Aale, Barsche, Plattfische, Salmoniden sowie diverse Friedfischarten an den Haken locken. Voraussetzung für den erfolgreichen Einsatz ist allerdings ein nicht zu hoher Salzgehalt des Wassers, da Tauwürmer zuviel Salz nur schlecht vertragen. An der Küste liegt der Salzgehalt meist bei über 1,5 Prozent. Deshalb fangen Watt- und Seeringelwürmer hier erheblich besser!

Tauwürmer

Für das Friedfischangeln in den Bodden und Fluss-Mündungen sind auch Rotwürmer oft eine gute Wahl. Maden eignen sich sehr gut zum Posen und Grundfischen. Beim Angeln mit der Feederrute dienen sie außerdem zum Füllen des Futterkorbs.

Rotwürmer

Garnelen

Die heimischen Garnelen, im Fischgeschäft auch als »Krabben« angeboten, sind in der Nord- und Ostsee verbreitet. Die in der Nordsee vorkommenden Garnelen werden größer als ihre Verwandten in der Ostsee, unterscheiden sich ansonsten aber kaum von ihnen. Garnelen fühlen sich im salzigen Wasser der Nordsee am wohlsten, schwimmen jedoch bis ins Brackwasser.

Gerade im Frühjahr und Frühsommer ist der Bestand von Junggarnelen besonders hoch. Jetzt tummeln sich im Flachwasser der Küsten vor allem die etwa zwei Zentimeter langen Jung-Garnelen. Für viele Fischarten stellen sie begehrte Beute dar und bilden deshalb einen exzellenten Köder für Küste und Brackwasser. Es spielt es kaum eine Rolle, ob die Schalentiere roh, gekocht oder »geschält« auf den Haken kommen – ihre Fängigkeit beim Angeln auf Plattfisch, Aal und Barsch ist enorm, vor allem im Sommer. Doch gerade bei höheren Temperaturen ist Vorsicht geboten. Garnelen verderben rasch und sollten möglichst kühl gehältert und schnell verangelt (oder gegessen) werden.

Leider halten Garnelen weniger gut auf dem Haken. Deshalb sind kleine Tricks angesagt. Dazu passen relativ kleine und dünne Haken der Größen 6 bis 8. Auf sie werden die Garnelen mit Hilfe einer Ködernadel aufgezogen, wobei die Nadel vom Kopf zum Schwanz hin unter dem Rückenpanzer entlangläuft. Dann wird der Haken so weit herangezogen, dass die Hakenspitze auf Höhe der Augen hervorsteht. So halten Garnelen am Besten.

Muschelfleisch

Das Fleisch von Muscheln ist ebenfalls vergleichsweise weich, obwohl sie einen sehr guten Köder auf Plattfisch und Aal liefern. Meist kommen Miesmuscheln für das Angeln in Frage. Ob du sie kaufst oder sammelst, spielt dabei keine Rolle – nur frisch sollten sie sein. Praktisch ist, dass es im Fischhandel und in vielen Supermärkten das ganze Jahr über gefrorene Miesmuscheln zu kaufen gibt.

Wie bei den Garnelen musst du auch bei den Muscheln ein bisschen tricksen. Deshalb kommen die frischen Muscheln für 20 bis 30 Sekunden in kochendes Wasser, bis sich die Schalen öffnen. Das Kochen sorgt für festeres Fleisch. Allerdings geht dabei auch das Aroma etwas verloren und somit die Lockwirkung. Eine andere Möglichkeit sind kleine Gaze-Beutel, die das rohe Muschelfleisch aufnehmen. Diese Behälter werden dann am Haken befestigt und ermöglichen so auch etwas kraftvollere und weitere Würfe.

Wollhandkrabben / Strandkrabben

Die Wollhandkrabbe wurde um 1910 aus Asien in Nord- und Ostsee eingeschleppt und vermehrt sich seitdem zusehends. Noch nicht geschlechtsreife Wollhandkrabben wandern ins Süßwasser und bilden somit im Brackwasser einen bedeutenden Köder.

Die ausgewachsenen, etwa vier- bis fünfjährigen Krabben wandern zurück ins Salzwasser, um sich dort fortzupflanzen. Tatsächlich gibt Köder, die in ihrer Handhabung einfacher sind. Doch ganze oder zerlegte Krabben solltest du als Köder stets im Blick behalten.

Besonders an der Nordsee und den Mündungen der Zuflüsse Elbe, Eider, Weser und Ems erweisen sie sich als so gut wie unschlagbar zum Fang von Aalen. Aber auch Dorsche mögen Krabben. Kleine Krabben bis drei oder vier Zentimeter Länge werden mit dünner, monofiler Schnur oder einem kleinen Gummiband auf den Haken gebunden. Wer am Ufer gehäutete Krabben findet, kann sie auch zerlegen und das Fleisch in Stücken auf den Haken ziehen.

Köderfische und Fischfetzen

Kleine, frisch getötete Fische und Fetzen davon gehören sicherlich zu den fängigsten Ködern an der Küste. Heringe bilden aufgrund ihres öligen Fleisches besonders gute Köder. Viele Fischarten lassen sich mit diesen günstigen Naturködern überlisten.

Bis zu einer Größe von acht bis zehn Zentimetern kannst du die Kleinfische im ganzen auf den Haken ziehen. Aus größeren Köderfischen schneidest du besser Stücke oder Fetzen, außer beim Angeln auf Hecht. Er nimmt problemlos halbe oder ganze Fische. Beim Brandungsangeln fangen kleinere Fische und Fischfetzen gut Dorsch und Plattfisch, vor allem Steinbutt.

Auch beim Schleppen auf Lachs kommen oft ganze, fingerlange Sprotten am System zum Einsatz. Beim Hornhecht-Angeln muss es eine Nummer kleiner sein. Als »Jungherings- Fresser« lieben sie dünne, drei bis vier Zentimeter lange Fetzen von Hering oder Sprotte. Doch nicht jeder Fisch eignet sich als Küsten-Köder. Am fängigsten sind Heringe, Sprotten und Sandspierlinge (Tobs). Zur Not genügen auch Makrelen-, Hornhecht- oder Plattfisch-Fetzen. Stücke und Fetzen vom Dorsch dagegen sind absolut ungeeignet. Im Brackwasser können es auch gern Weißfisch-Arten wie Rotauge und Brassen sein, wenn es auf Aal, Zander und Hecht geht. Auf jeden Fall sollten die Köderfische frisch sein, denn der ausströmende Geruch gibt bei diesem Köder den Ausschlag.

Ganze Heringe oder Fetzen daraus sind gute Küstenköder.
Foto: Frank Brodrecht

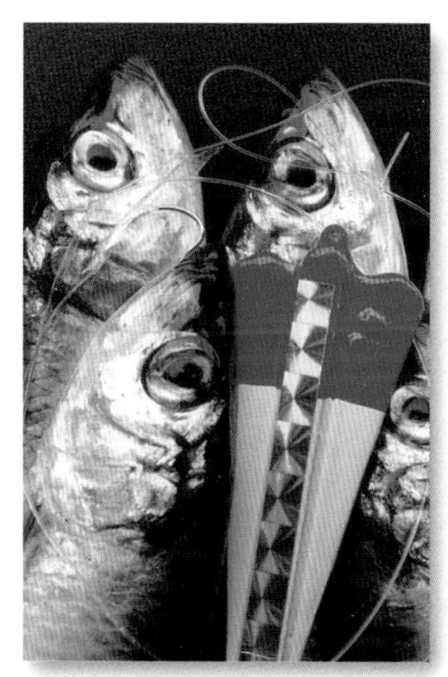

Fische, Stellen und Zeiten im Überblick

Januar
Ostsee: Meerforelle, Dorsch
Bodden: Hecht
Nordsee: Dorsch, Wittling

Februar
Ostsee: Meerforelle, Regenbogenforelle, Lachs, Dorsch
Bodden: Hecht
Nordsee: Dorsch, Wittling, Plattfisch

März
Ostsee: Meerforelle, Regenbogenforelle, Lachs, Hering, Dorsch, Plattfisch
Bodden: Hecht, Hering
Nordsee: Dorsch, Wittling, Plattfisch, Hering, Meerforelle

April
Ostsee: Meerforelle, Regenbogenforelle, Lachs, Dorsch, Hering, Plattfische, Barsch
Bodden: Hering, Barsch, Aal, Friedfische
Nordsee: Dorsch, Hering, Plattfische, Meerforelle
Elbe: Friedfische, Barsch, Aal, Plattfische, Meerforelle

Mai
Ostsee: Hornhecht, Meerforelle, Dorsch, Barsch, Aal, Plattfische
Bodden: Zander, Aal, Friedfische, Barsch, Plattfisch
Nordsee: Hering, Wittling, Hornhecht, Flundern, Aal, Meerforelle
Elbe: Aal, (Zander), Friedfische, Barsch, Hecht

Juni
Ostsee: Aal, Hornhecht, Dorsch, Meerforelle, Plattfische
Bodden: Zander, Aal, Friedfische, Barsch
Nordsee: Aal, Plattfisch, Makrele, Meerforelle, Meeräsche, Wolfsbarsch
Elbe: Aal, Zander, Barsch, Hecht, Karpfen, Friedfische

Juli
Ostsee: Aal, Hornhecht, Meeräsche, Plattfische
Bodden: Friedfische, Aal, Zander, Barsch
Nordsee: Aal, Plattfisch, Makrele, Wolfsbarsch, Meeräsche
Elbe: Zander, Aal, Barsch, Rapfen, Karpfen, Weissfische

August
Ostsee: Aal, Meeräsche, Steinbutt und andere Plattfische
Bodden: Friedfische, Aal, Barsch, Plattfische
Nordsee: Aal, Makrele, Plattfisch, Wolfsbarsch, Meeräsche
Elbe: Zander, Aal, Barsch, Rapfen, Karpfen, Weissfische

September
Ostsee: Dorsch, Meerforelle, Steinbutt, Meeräsche
Bodden: Hecht, Aal, Barsch, Plattfische, Friedfische
Nordsee: Plattfisch, Aal, Meerforelle, Meeräsche, Wolfsbarsch, Makrele.
Elbe: Zander, Aal, Barsch, Rapfen

Oktober
Ostsee: Dorsch, Plattfische, Meerforelle
Bodden: Hecht, Zander, Barsch
Nordsee: Dorsch, Wittling, Plattfische, Aal, Meerforelle, Wolfsbarsch
Elbe: Plattfisch, Zander, Friedfische

November
Ostsee: Dorsch, Meerforelle, Plattfische
Bodden: Hecht, Zander, Barsch
Nordsee: Dorsch, Wittling, Plattfisch, Meerforelle
Elbe: Plattfisch, Zander

Dezember
Ostsee: Dorsch, Meerforelle, Plattfische
Bodden: Hecht, Plattfische
Nordsee: Dorsch, Wittling, Plattfische
Elbe: Plattfisch, Zander